KB142877

지금 시작하는
우주 비즈니스

CHOSOKU DE WAKARU! UCHU BUSINESS by Toshihiro Katayama

Copyright © Toshihiro Katayama, 2021
Illustration © Hankichi Maeda
All rights reserved.
Original Japanese edition published by Subarusya Corporation

Korean translation copyright © 2022 by HANALL M&C
This Korean edition published by arrangement with Subarusya Corporation, Tokyo, through HonnoKizuna, Inc., Tokyo, and Eric Yang Agency, Inc.

이 책의 한국어판 저작권은 EYA(Eric Yang Agency)를 통해 저작권사와 독점 계약한 (주)한올엠앤씨에 있습니다.
저작권법에 의하여 한국 내에서 보호를 받는 저작물이므로 무단전재와 복제를 금합니다.

지금 시작하는 우주 비즈니스

가타야마 도시히로 지음
이혜정 옮김

비즈니스맵

최근, 특히 요즘 몇 년 동안
수많은 로켓과 우주선이
연달아 우주로 쏘아 올려졌습니다.

부-웅

왜 그런 걸까요?

2020년대로 접어든 현재,
우주는 '과학'뿐만 아니라
'비즈니스' 분야로
받아들여지고 있습니다.

인공위성을 대량으로 우주에 배치하기도 하고
국제우주정거장에서 영화를 촬영하거나
동영상을 전송하기도 하고 다양한 스타일의
우주여행을 선택하는 등

세계는 지금
'새로운 우주의 사용법'을
차례차례로 개발하고 있습니다.

이제는 국가를 뛰어넘어 영향력 있는 테크(Tech) 기업의 억만장자들도 잇따라 우주 비즈니스로 뛰어들고 있습니다.

Virgin

하지만
우주여행은
그들의 목표에
다가가기 위한
서막에 불과합니다.
지금부터가 진짜입니다.

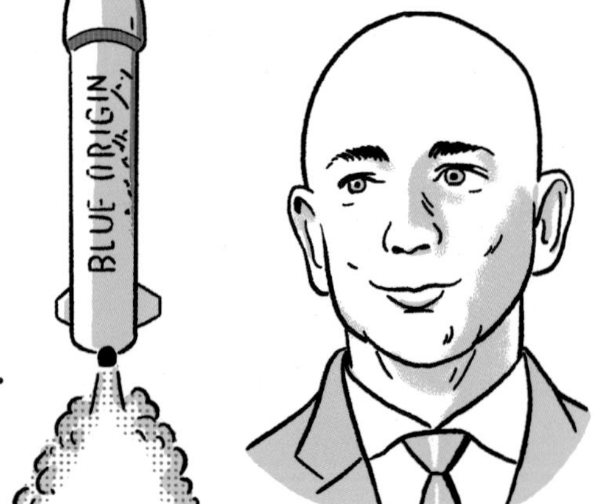
BLUE ORIGIN

왜냐하면

우주에는 현재의 비즈니스나 사회 등 지구에서 풀어야 할 과제의 해답이 있기 때문입니다!

실제 우주 비즈니스의 시장 규모는 급속도로 확대되고 있으며,
앞으로 그러한 경향은 더욱 가속화될 것입니다.

인터넷, 빅데이터, 금융, 농림 수산, 여행, 신약 개발, 자원 에너지 등

지구에 있는 다양한 기존 산업의
활동 범위가 확대되어 결과적으로
우주까지 팽창하기 때문입니다.

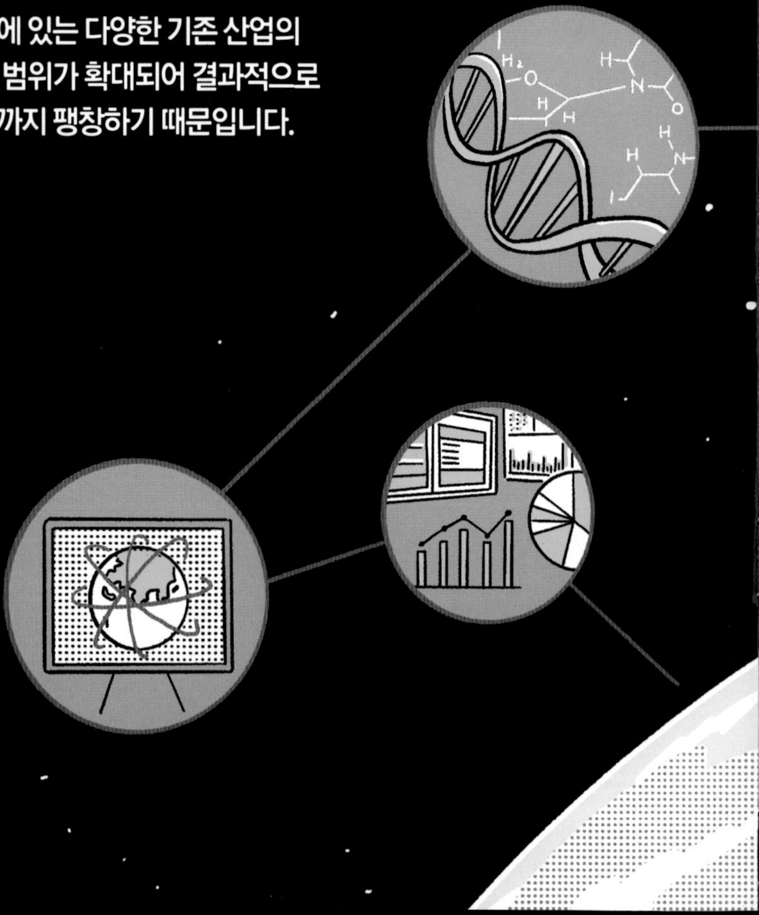

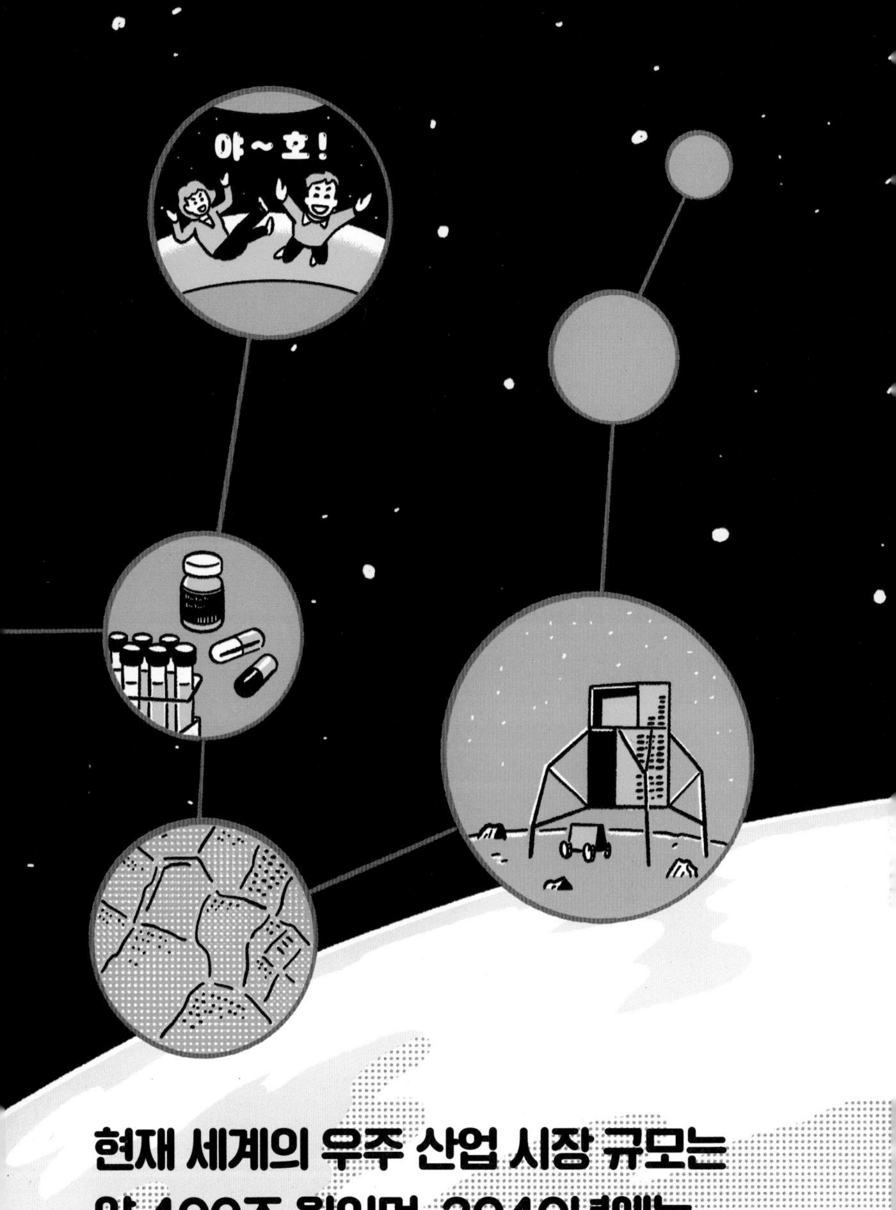
야~호!

현재 세계의 우주 산업 시장 규모는
약 400조 원이며, 2040년에는
1,000조 원이 넘을 것이라고 합니다.

많은 사람이
'우주 산업은 나하고 관계없잖아' 라고
생각할지도 모릅니다.

하지만 여러분이 모르는 사이에
스마트폰, 내비게이션의 위치 정보, 일기 예보, 위성 방송 등

생활이나 비즈니스에서 겪는 여러 상황에서
일상적으로 우주를 이용하고 있습니다.

zzz...

음
식
점

그렇습니다.
이미 나의 생활도, 비즈니스도
'우주 없이는 안 되는' 시대입니다.

이렇게 커다란 '시대의 변화'.
우리는 지금까지 수없이 경험했습니다.

20세기는 '글로벌 시대'.

20세기, 선박과 항공기의 발전으로 많은 인류가 국경을 넘나들게 되었습니다.
그에 따라 국경을 초월한 시장·서플라이 체인(supply chain)이 생겨나, '글로벌 시대'라고 불렸습니다.

그리고

21세기는
'유니버설(universal) 시대'.

21세기, 우주와 지구의 경계선(고도 100킬로미터)을 많은 인류가 넘나들고, 대기권을 넘는 시장·서플라이 체인이 생겼습니다. 그것을 '유니버설 시대'라고 부릅니다.

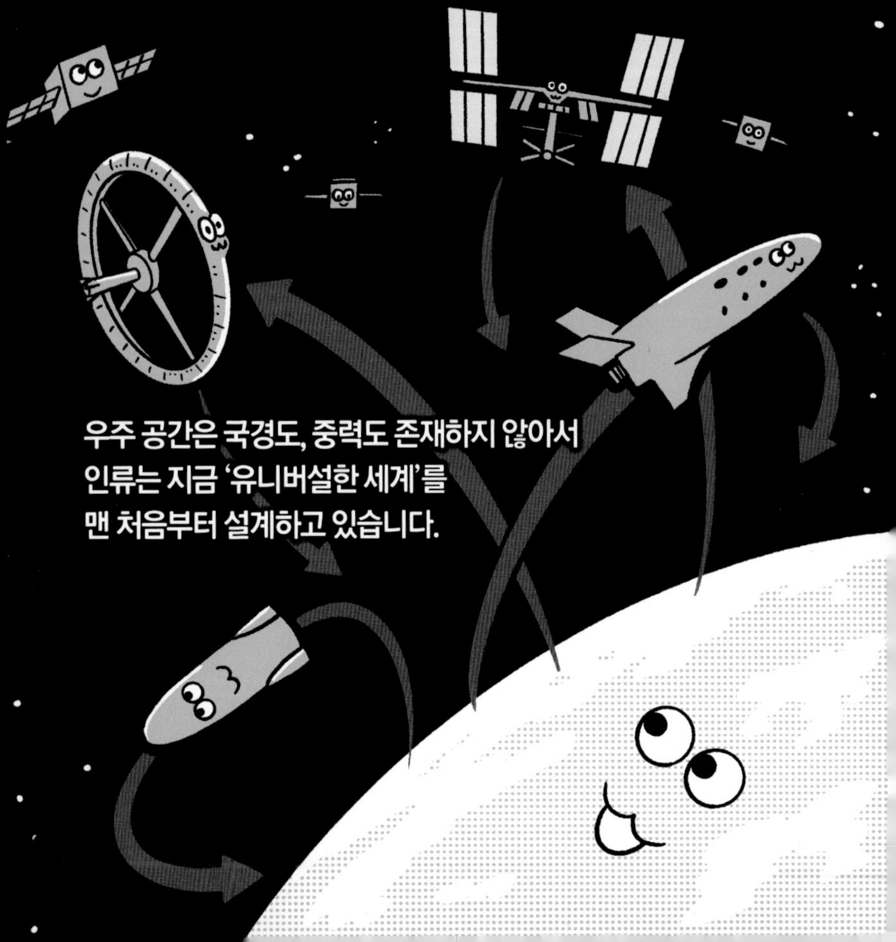

우주 공간은 국경도, 중력도 존재하지 않아서 인류는 지금 '유니버설한 세계'를 맨 처음부터 설계하고 있습니다.

우주 비즈니스는
우리에게
산업 구조적으로도,
지리적으로도
엄청난 기회.

코로나19 사태로
전 세계가 힘든 시기를 보냈습니다.
그러한 가운데, 우주 비즈니스는
최대의 기회라고 할 수 있습니다.

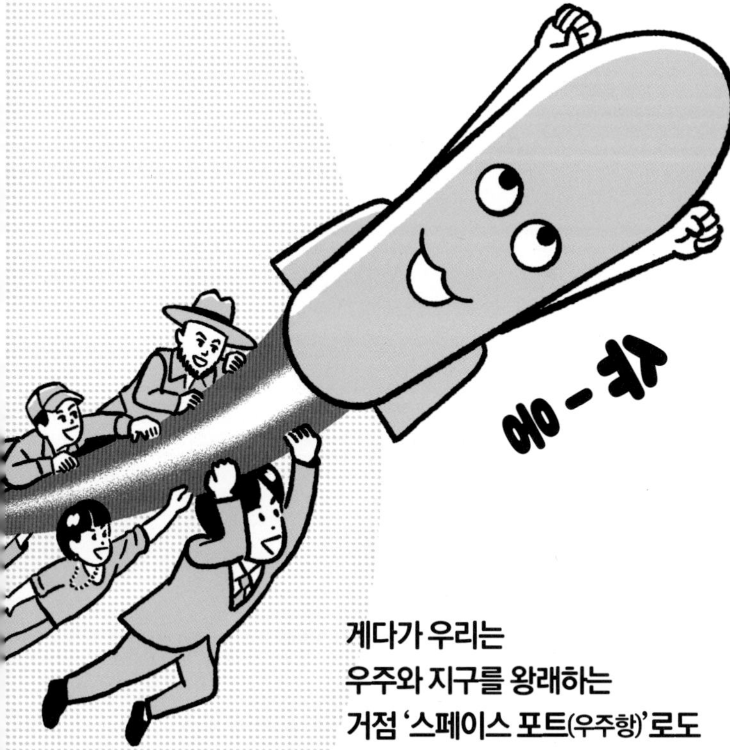
슈-웅

게다가 우리는
우주와 지구를 왕래하는
거점 '스페이스 포트(우주항)'로도
지리적 조건이 우수합니다.
지정학적으로도 유리한 것입니다.

우주

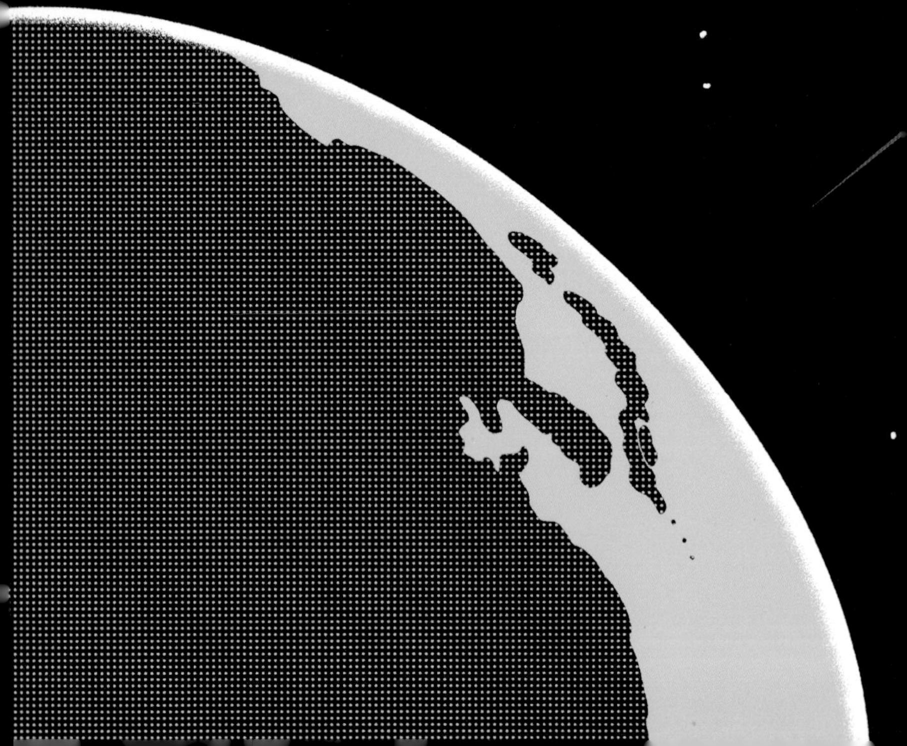

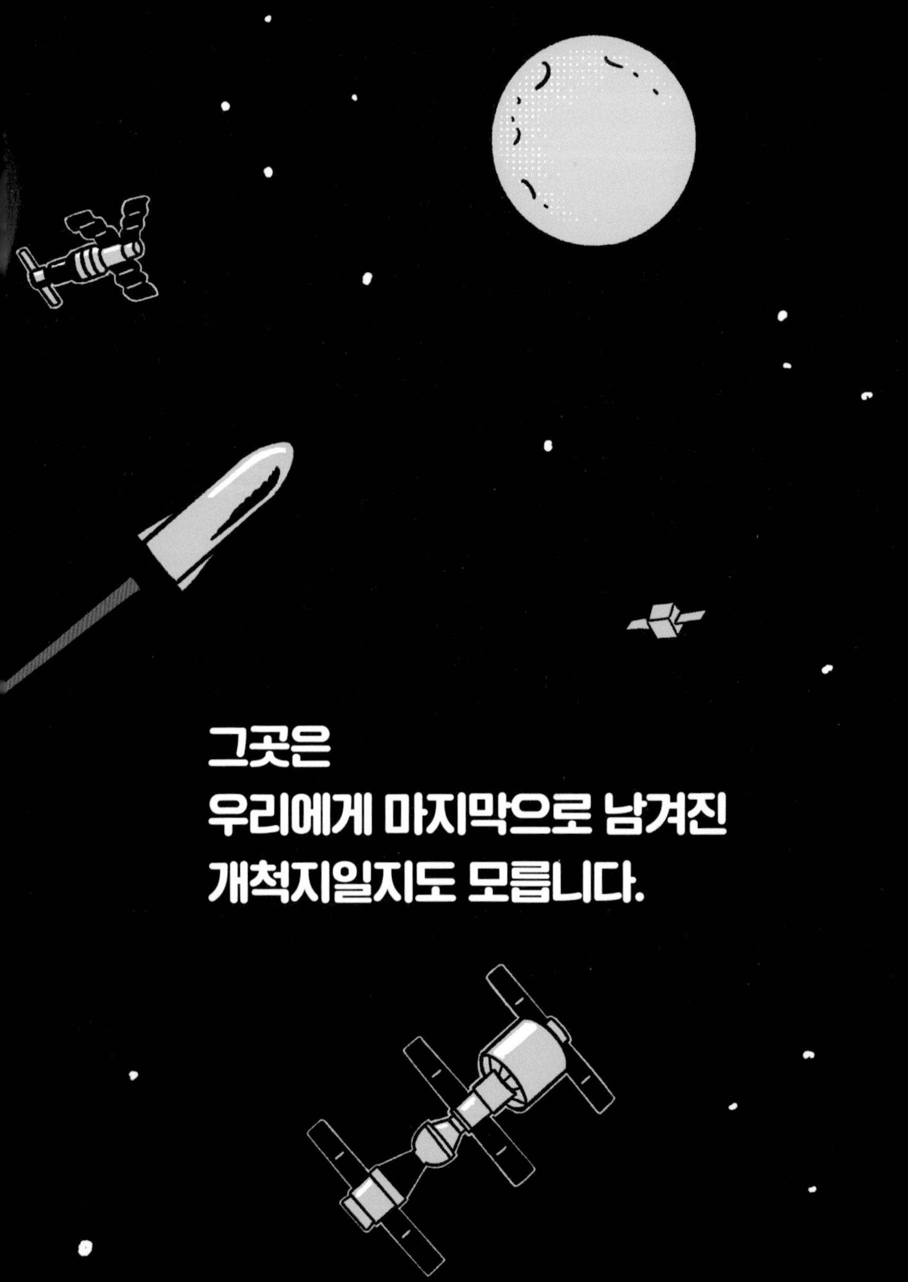

그곳은
우리에게 마지막으로 남겨진
개척지일지도 모릅니다.

들어가는 글

급작스럽지만 여러분, '우주 비즈니스'에 관심이 있습니까?

"글쎄요. 중요해 보이긴 하는데 내 일과 생활에 직접 관련이 있는 것도 아니고."
"솔직히 관심 없는데. 지구에서 벌어지는 일도 잘 모르는걸요."
"근데 우주 비즈니스가 뭐예요?"

이렇게 말하는 분들이 많지 않을까요? 사실 몇 년 전까지만 해도 저는 우주와 전혀 관계가 없을 거라 생각해서 애초에 관심조차 없었습니다. 하물며 이렇게 우주에 관련된 책을 쓸 줄은 상상도 하지 못했습니다.

2015년 즈음 저는 우연히 '자원 에너지 산업과 우주 산업을 잇는 프로젝트'에 참여했고, 그 후 다양한 인연으로 어느새 우주 산업에 깊이 관여하기에 이르렀습니다.

어렸을 때나 청소년기에는 호기심이 꽤 왕성해서, 저 나름대로 우주를 좋아했습니다. 그렇지만 사회생활을 시작하면서 산더미처럼 쌓여 가는 현실적 문제를 해결하려 애쓰다 보니, 우주에 대한 흥미나 관심이 완전히 사라져 버렸습니다. 한마디로 저는 우주에 관심이 없었는데 우주와 관련된 일에 종사하는, 우주 업계에서는 매우 드문 타입입니다. 그런 제가 여러분에게 전하고 싶은 놀라운 발견이 하나 있습니다.

"앞으로 모든 비즈니스는 우주를 통한다!"

우주에 관심이 있든 없든, 스마트폰, 내비게이션의 GPS, 위성 방송, 일기 예보, 재해 대책, 농업, 보험, 금융에 이르기까지 우리의 생활이나 비즈니스 구석구석 이미 우주 인프라가 침투해 있습니다.

앞으로는 인공위성이나 사람을 우주로 보내는 '우주 수송' 수요도 격증할 것입니다. 그러한 수요의 증가와 함께, 발착 장소가 되는 '우주항(Spaceport)' 수요도 증가할 것입니다.

만약 여러분이 사는 곳에 우주항이 생긴다면 우주항과 관련된 산업 폭은 넓어지고 지역 산업 효과는 헤아릴 수 없을 정도로 클 것입니다. 기차역, 공항, 대기업 이전을 뛰어넘는 효과를 불러올 것입니다.

살짝 상상해 보셨는지요? 이제는 우주에 관심이 있든 없든 '우주 없이는 살아갈 수 없는' 시대가 온 것입니다. '인터넷 없이는 안 되는' 시대가 왔던 것처럼요. 그렇기 때문에 '우주 비즈니스'를 알아두는 것은 앞으로 세계의 큰 흐름을 파악하기 위해 빠뜨릴 수 없을 정도로 중요합니다. 그렇지만 다음과 같이 말하는 사람도 많습니다.

"우주는 뭔가 어려울 것 같아."
"우주 비즈니스는 진입 장벽이 높지 않을까?"

하지만 걱정하지 마세요. 여러분이 보고 있는 이 책은 정말 쉬워서 가볍고 즐겁게 우주 산업 전체를 파악할 수 있습니다.

저는 일을 통해서 우주와 관계가 없는 사람에게 몇 번이나 우주 비즈니스를 설명했습니다. 상대는 정부 · 지방자치단체 · 우주와 무관한 기업 · 미디어 · 학생 등 다방면에 걸쳐 있었고, 우주에 관심과 낭만이 없는 사람이 대다수였습니다.

사람들은 매번 "로켓은 뭘 하는 거예요?" "인공위성은 왜 필요한 거예요?"라며 초보적인 질문을 던졌습니다. 그럴 때마다 저는 '우주에 무관심한 사람'의 시선으로 설명하려고 노력했습니다. 그러면 모두 점점 표정이 누그러지며 즐거운 듯 이야기를 들었습니다.

"관심이 없는 사람에게도 관심을 가질 수 있도록 전달한다."

사실 제 본업 '광고 · PR'과 겹치는 부분이기도 합니다.

그러한 이유로 이 책은 '우주에 무관심한 사람이 우주에 관심을 가질 수 있도록' 하는 것을 가장 중요시합니다. 지금까지 우주와 아무런 관계도 없던 사람이 처음 보는 책으로 가장 알맞습니다. "1시간 만에 우주 비즈니스를 알고 싶어!" 이런 분들에게도 추천합니다. 한 테마에 양면 일러스트를 곁들여 '초스피드로 우주 비즈니스를 알 수 있도록' 구성했습니다.

앞으로 인류는 국경을 넘는 '글로벌 시대'에서 대기권을 초월한 '유니버설 시대'로 이행합니다. 곧 다가오는 '유니버설 시대' 입문서로 이 책이 한 명이라도 더 많은 분에게 도움이 되기를 바랍니다.

2021년 10월 10일
가타야마 도시히로

• 목차 •

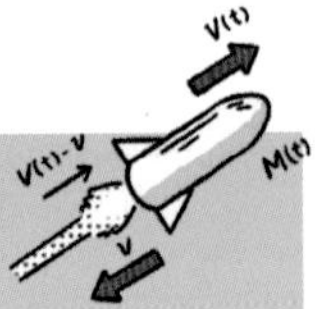

V(t)
V(t)-V
M(t)
V

구구구
구구구

제 2 장 우주 개발, 새로운 무대로

제 3 장 우주 비즈니스로 무엇이 실현되나요?

제 4 장 우주 비즈니스에는 어떤 플레이어들이 있나요?

제 5 장 본격적으로 가동하는 우주여행 비즈니스!

제 1 장

인류, 우주로 향하다

강대국 간의 분쟁으로 우주 개발이 가속

먼저 우주 비즈니스에 빼놓을 수 없는
우주 개발의 흐름을 간략하게 소개합니다.
'언젠가 우주에 갈 수 있으면 좋겠다.'
오랫동안 많은 사람이 품었던 꿈과 낭만은 20세기,
아이러니하게도 강대국의 군사 자본으로
실현되었습니다.

V(t)
V(t)-v
M(t)
v

1

19세기 말~

모든 것은 '진심으로 공상'하는 것에서 시작

우주 개발은 공상과학소설에 영향을 받은 과학자들이 꿈을 실현하기 위해 움직인 것이 계기가 되어 본격적으로 시작되었습니다.

매력적인 SF(공상과학소설)의 등장

지금까지 인류에게 신화나 공상의 세계였던 '우주여행'을 쥘 베른(Jules Verne)이 '과학적 공상'으로 소설화했습니다. '진심으로 공상'한 것이 계기가 되어 인류는 진심으로 우주 개발을 시작합니다.

『달나라 탐험』 쥘 베른(프랑스) 1865년

De la Terre à la Lune

주인공들이 대포를 타고 우주로 날아가서 달을 탐사하고 지구로 돌아오는 이야기입니다. 현대의 우주 개발과 행성 탐사에 큰 영향을 주었습니다.

'과학적 공상'이 마침내 실현!

우주에 가려는 인류의 꿈은 '괴짜'로 불리는 인물들의 움직임으로 구체화되기 시작했습니다.

우주 비행 이론 개척자 치올콥스키(러시아) 1897년

그런 '공상'을 곧이곧대로 받아들인 사람이 있었다!

V(t)
V(t)-V
M(t)
V
로켓을 사용하면 우주에 갈 수 있어.

SF 작가이기도 했던 러시아 과학자 치올콥스키가 1897년 최초의 로켓 이론인 '치올콥스키 공식'을 발표했습니다. 이로써 이론적으로 인류는 우주에 갈 수 있게 되었습니다.

게다가 그 '이론'을 그대로 믿은 사람이 있었다!

로켓 선구자 로버트 고더드(미국) 1926년

NEW YORK TIMES
진공에서 날 수 있을 리가 없지. 고더드는 고등학생 수준의 지식도 없군. by 뉴욕타임스

1926년 미국 발명가 고더드가 액체 연료 로켓을 쏘아 올렸습니다! 비행시간은 2.5초, 도달한 고도는 12미터에 불과했지만 오늘날 로켓 기술의 기초를 닦았습니다.

"인간이 상상할 수 있는 것은 무엇이든 실현할 수 있다."

쥘 베른이 남긴 이 말처럼 주위에서 바보 취급을 당하면서도 '공상'을 믿은 과학자들의 탐구 덕분에 인류는 우주여행의 꿈을 향해 한 발 내디뎠습니다.

2

인류가 처음 우주로 쏘아 올린 것은 '미사일'

제2차 세계대전 때 독일군이 막대한 예산을 쏟아부어 병기 '탄도 미사일' 로켓을 개발했습니다.

전쟁 중 독일에서 'V2 로켓'을 완성

베르너 폰 브라운(Wernher von Braun)은 로켓공학자 헤르만 오베르트(Hermann Oberth)의 영향으로 로켓 개발을 시작했습니다. 우주 공간에 도달하기 위한 연구에는 막대한 자금이 필요했는데, 독일군의 자금 제공으로 V2 로켓을 개발할 수 있었습니다.

우주를 거쳐 가는 비행에 성공

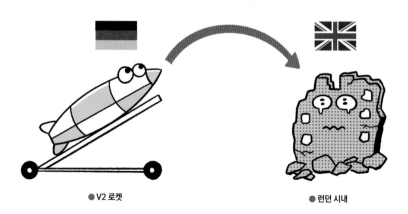

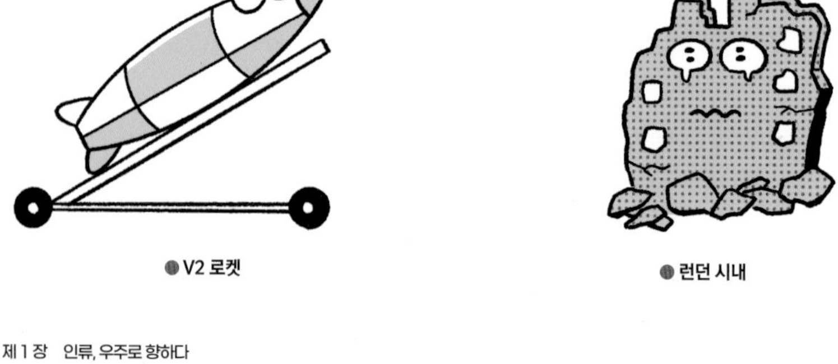

● V2 로켓

● 런던 시내

전쟁이 끝난 후, 미국과 소련으로 우수한 로켓 공학 인재가 유출

베르너 폰 브라운은 미국으로 건너가 연구를 계속하여 인류 최초의 달 착륙 '아폴로 계획'에 공헌했습니다. 일부 인재는 소련으로 건너가 로켓 기술 개발자 세르게이 코롤료프(Sergei Korolev)에게 V2 기술을 전해 주었습니다.

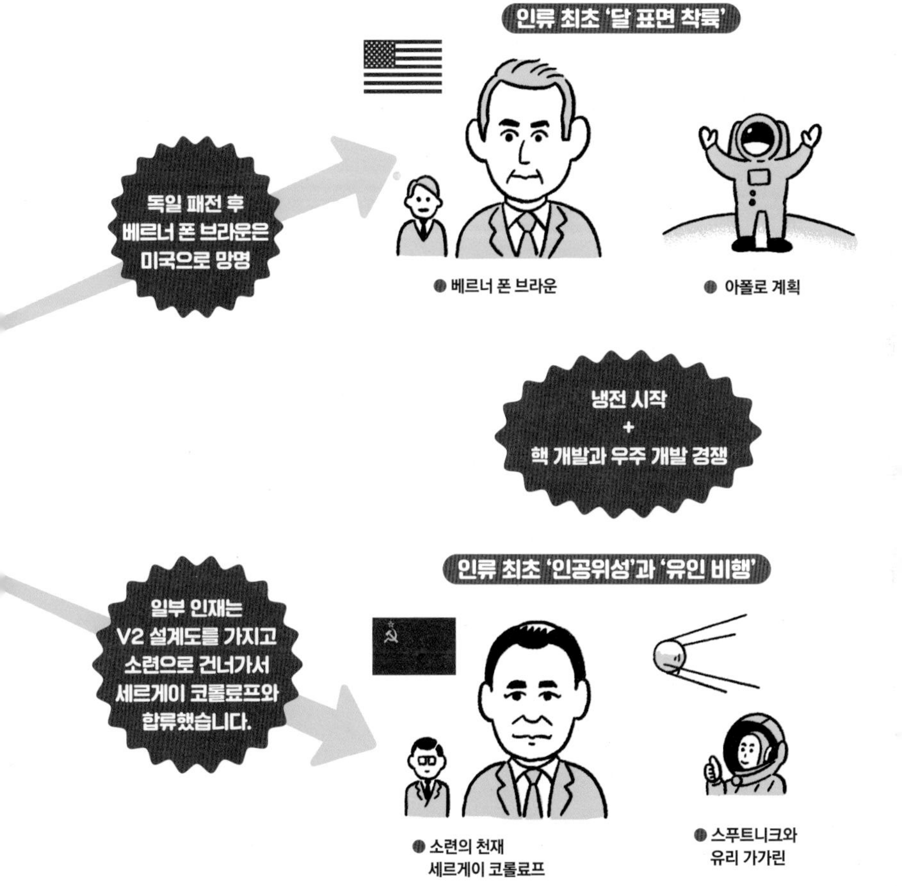
인류 최초 '달 표면 착륙'
독일 패전 후
베르너 폰 브라운은
미국으로 망명
베르너 폰 브라운
아폴로 계획
냉전 시작
+
핵 개발과 우주 개발 경쟁
인류 최초 '인공위성'과 '유인 비행'
일부 인재는
V2 설계도를 가지고
소련으로 건너가서
세르게이 코롤료프와
합류했습니다.
소련의 천재
세르게이 코롤료프
스푸트니크와
유리 가가린

이렇게 전쟁 중 진화한 로켓 공학은 전쟁 후에도 두 강대국 미국과 소련에서 발전했습니다. 양국은 냉전 시대의 군사·과학 기술에서 주요한 역할을 담당하게 되었습니다.

3

냉전 1950년대~

우주 개발 경쟁의 시작 ~먼저 움직인 소련~

냉전 시대로 돌입하면서 미국과 소련에서 우주 개발이 시작되었습니다. 군사와 프로파간다의 경쟁으로 우주 개발이 가속됐습니다.

'위성'으로 우주에서 적국을 위협!

1957년 소련에서 쏘아 올린 인류 최초 인공위성 '스푸트니크 1호'가 지구를 도는 궤도에 투입되어 전 세계는 충격에 빠졌습니다. "소련이 우리보다 앞서 나가다니!" 미국은 큰 충격을 받았고 우주로부터의 감시와 핵폭탄 투하 가능성의 공포에 떨었습니다.

이것이 바로 '스푸트니크 충격'!

지구를 빙글빙글 돌면서 전파를 발신하는 스푸트니크 1호
지구를 돌고 있다니 거짓말 일거야…
핵폭탄이 떨어질지도 몰라…
소련에 졌다는 게 믿기지 않아…
상공에서 소련이 우리를 감시하고 있어.
미국 뜻밖의 패배!

선두에 선 소련은 '유인 우주 비행'도 성공

1961년 유리 가가린을 태운 보스토크 1호는 인류 최초 유인 우주 비행에 성공했습니다. 가가린은 지구를 한 바퀴 돌고 대기권으로 재돌입하여 고도 7천 미터에서 캡슐로 사출된 뒤 낙하산으로 무사히 귀환했습니다.

보스토크 1호는 우주에서 108분 동안 지구를 한 바퀴 비행

가 보자!
CCCP
인류가 처음으로 우주 공간에!

전 세계에서 환영받은 유리 가가린

와~
지구는 푸른빛이었다.
짜증 나! 소련이 너무 멋지잖아! 미국은 진짜 열받는다고!!
미국 또다시 패배!

가가린은 인류의 영웅으로서 전 세계를 방문했으며 소련의 국력을 널리 알렸습니다. 이로 인해 초조해진 미국은 한층 가열된 우주 개발 경쟁과 '아폴로 계획'으로 돌입했습니다.

4

우주 개발 경쟁의 격화 ~미국의 역습~

소련에 선수를 빼앗기다니! 절대로 질 수 없었던 미국은 막대한 예산과 기술을 투자하여 유인 달 착륙에 성공했습니다.

케네디 대통령 '아폴로 계획' 발표

소련의 성공에 초조해진 미국은 역전을 노렸습니다. 1961년 케네디 대통령이 "1970년이 되기 전에 인간을 달로 보낸다"라는 성명을 발표했습니다. '아폴로 계획'은 막대한 국가 예산 약 250억 달러와 인재 40만 명을 투입하여 추진되었습니다.

우리는 달에 가기로 했습니다.
와~
와~

● 케네디 대통령의 라이스대학 연설

이때 과학기술 입국의 기초가 갖추어졌습니다.

'아폴로 계획'에서 배양된 기술로부터 컴퓨터 업계와 금융공학이 발생했습니다. 그 후 미국은 세계 기술 혁신을 이끄는 국가가 되었습니다.

마침내 인류는 달에 도착!

1961년 닐 암스트롱과 버즈 올드린을 태운 아폴로 11호는 인류 최초로 달 착륙에 성공했습니다. 달 표면에 약 2시간 15분 동안 머무르면서 월석과 토양을 21.5킬로그램 채집하여 지구로 돌아왔습니다.

달 표면에 내려선 미국 우주비행사

'월석'은
1970년 일본 오사카
만국박람회에도
전시되었습니다.

고도의 미디어 전략으로 미국의 우위성을 선전했습니다.

한 사람에게는
작은 한 걸음이지만
인류에게는
위대한
도약이다.

이 모습은 전 세계에 생중계되어 6억 명(당시 세계 인구의 5분의 1)이 시청했습니다. 이로써 소련에 뒤처졌던 미국의 위신은 멋지게 회복되었습니다.

냉전 1970년대~

5

우주 개발 경쟁의 전환 ~다음은 어디로?~

유인 달 착륙에 성공하여 미국과 소련의 선전 접전은 결말이 났습니다. 큰 목표를 잃은 양국의 우주 개발은 새로운 방향을 모색합니다.

예산 삭감으로 방침을 재검토

아폴로 11호 이후 미국은 여섯 번 유인 달 착륙에 성공했지만, 국민의 관심이 서서히 줄어들면서 1972년 아폴로 계획은 중단되었습니다. 국력이 약화된 소련도 더는 미국에 맞서지 못하여 자유주의 대 공산주의 구도의 우주 개발 전쟁은 끝이 났습니다. 점차 예산도 삭감되어 양국의 우주 개발은 크게 방향을 틀어야 했습니다.

① '무인'으로 달보다 멀리 있는 행성을 탐사

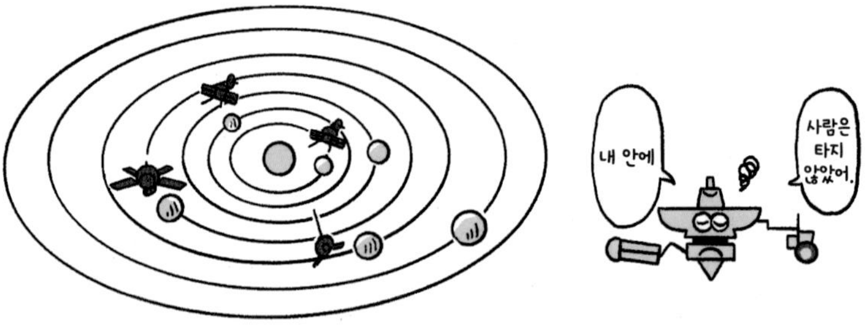
내 안에
사람은 타지 않았어.

● 다양한 무인 탐사기

마리너 9호: 화성
파이어니어 10호: 목성
마리너 10호: 금성, 수성
보이저 1호, 2호: 목성, 토성, 천왕성, 해왕성

미국의 개척 정신은 한결같이 먼 행성을 목표로 향해 나아갔습니다. 1960년대 달 표면 개발 경쟁 이후인 1970년대는 화성, 목성, 금성, 수성, 토성에 도달했지만, 모두 무인 탐사였습니다. 아폴로 계획과 달리 사람들은 무인 탐사에 열광하지 않았습니다.

② 우주정거장에서 '유인'으로 '먼 곳의 탐사'보다 '가까운 곳을 개척'

지구
가까이에
떠 있어요.

● 소련의 살류트 1호

유인 달 탐사를 단념한 소련은 우주정거장에서 가능성을 찾아냈습니다. 1971년 인류 최초로 우주정거장을 발사했고 미국도 그 뒤를 이었습니다. 우주정거장은 사람이 오래 머무르면서 과학 실험이나 인공위성 방출 등을 실시하는 곳입니다.

③ 우주왕복선은 다목적으로 재이용도 가능합니다. 비용 대비 효과도 노립니다.

고마워.
영차 영차

● 허블우주망원경을 운반

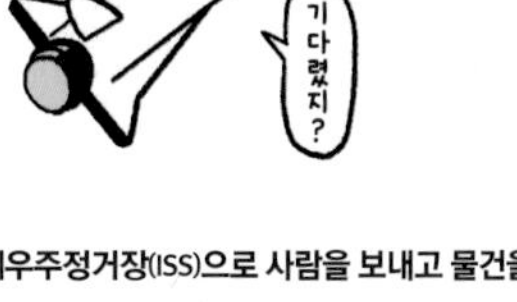
기다렸지?

● 국제우주정거장(ISS)으로 사람을 보내고 물건을 운반

'우주왕복선'은 다양한 용도로 활용할 수 있어서 재이용되었습니다. 우주에서 중기(medium term) 체류가 가능하며 과학 실험, 인공위성 운반과 수리, 국제우주정거장 건설 등 우주의 척척박사입니다. 재이용으로 비용 절감을 노렸지만, 예상보다 유지관리가 어려웠고 오히려 비용이 증가했습니다. 두 번 비참한 사고를 겪고 2011년 마지막 비행을 했습니다.

1960년대처럼 인류가 하나의 큰 목표를 향해 가지는 않았지만, 거대해진 우주 산업은 멈추지 않고 다양한 방향으로 진화했습니다.

6

냉전 체제가 끝나고 평화롭게 이용된 국제우주정거장(ISS)

70년대 이후에도 미국과 소련은 '우주정거장' 개발로 경쟁했지만, 결국 소련이 무너지고 세계 공동 개발로 발전했습니다.

미국과 소련의 우주 개발 경쟁은 대립에서 협력 관계로 전환

아폴로 계획 이후 미국과 소련은 우주정거장 건설에 뛰어들며 우주 개발을 이어나갔습니다. 그러나 국력 및 경제가 정체된 소련과 베트남전쟁으로 피폐해진 미국은 서서히 대립이 줄어들어 오히려 우주에서 협력 체제를 갖추게 되었습니다.

우주정거장 개발의 역사

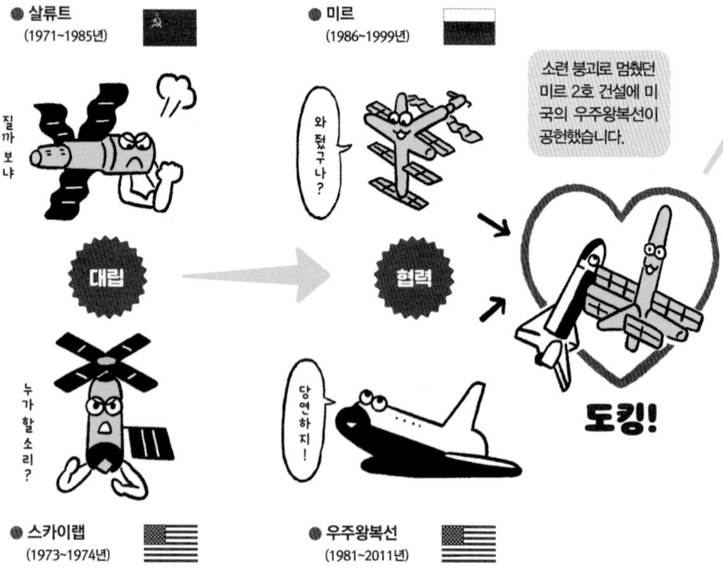

살류트
(1971~1985년)
미르
(1986~1999년)
소련 붕괴로 멈췄던 미르 2호 건설에 미국의 우주왕복선이 공헌했습니다.
질까 보냐
와 줬구나?
대립
협력
도킹!
누가 할 소리?
당연하지!
스카이랩
(1973~1974년)
우주왕복선
(1981~2011년)

평화의 상징 국제우주정거장 탄생!

1984년 레이건 대통령이 '사람이 머무를 수 있는 우주 기지 건설'을 발표한 후 캐나다, 유럽 여러 국가, 일본이 참가를 표명했습니다. 소련 붕괴 직후의 러시아도 비책으로 끌어들였습니다. 15개국이 협력하고 1998~2011년에 걸쳐 건설되었습니다.

단결
● 국제우주정거장: ISS(1998년~현재)
중국은
독자 노선

아폴로 계획 이후 유인 우주 프로젝트는 우주정거장과 지구를 왕복하는 범위의 개발에 그쳤습니다. 하지만 그동안 우주 개발에 새로운 변화가 찾아왔습니다.

2020년대~

7

다시 시작된 우주 개발 경쟁 ~미국과 중국의 대립~

중국의 대두로 미국 중심의 자유주의 진영과 중국 공산당이 우주 개발 경쟁에 돌입했습니다. 우주 비즈니스가 급성장할 수 있는 새로운 원동력을 기대합니다!

중국의 대두로 패권 경쟁 재점화?

미국과 러시아는 오랜 기간 우주 개발 경쟁을 지속했습니다. 그런데 최근 중국도 국력을 키워 독자 노선으로 대두했습니다. 미국의 새로운 경쟁자로 부상하여 다시 경쟁이 달아오르려 합니다.

① 앞으로의 국방과 우주 개발의 요점

2019년 미국 우주군이 창설되었습니다. 중국의 우주 개발은 본래 인민해방군이 중심입니다.

미국 우주군
우주군
2010년대 후반
중국 우주군

로켓과 탄도 미사일의 기본 구조는 같습니다. 항행 위성은 무인 폭격기와 요격 미사일을 조작하고, 관측 위성은 지상의 움직임을 모니터링합니다. '우주를 지배하는 것은 전쟁을 지배하는 것'이라고도 합니다.

② 자유주의 연합 대 중국 공산당의 경쟁?

현재 미국 등에서 운용하는 ISS는 2024년 이후의 운용이 정해져 있지 않습니다. 영화 촬영이나 호텔 등 민영화가 될 가능성이 높습니다.

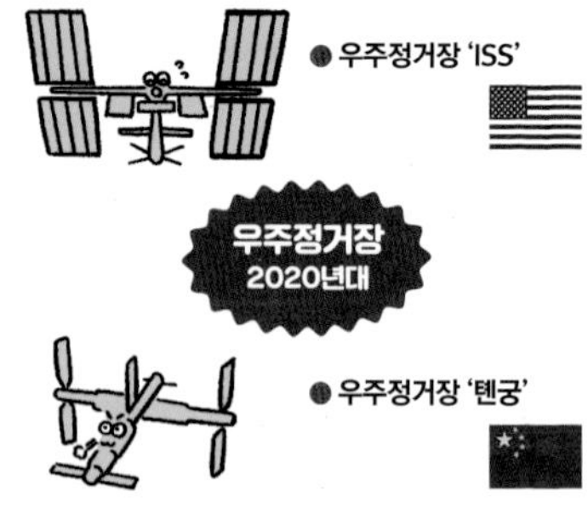
우주정거장 'ISS'
우주정거장
2020년대
우주정거장 '톈궁'

한편, 2022년 중국 우주정거장 '톈궁'이 완성되면 중국의 우주 장기 체류가 실현됩니다.

③ 다시 시작된 달 표면 개발 경쟁! 이번에는 기지 건설

미국을 중심으로 한 여러 국가는 2024년 '아르테미스 계획'으로 다시 유인 달 착륙을 예정하고 있습니다. 달 궤도 우주정거장과 달 표면 기지 건설이 목표입니다. 달의 얼음에서 물이나 수소를 채집하여 생활하거나 연료로 활용합니다. 화성까지의 연비를 극적으로 낮추는 것도 계획 중입니다.

구구구
구구구구
아르테미스 계획
유인 달 개발
2020년대
무인 탐사기 '창어 5호'
우리도 왔어.

이미 중국의 무인 탐사기도 달에 도착하여 달 표본 채집에 성공했습니다. 다음은 유인 달 착륙을 목표로 미국 측을 확실하게 추격하고 있습니다.

④ 인류는 화성에서 살 수 있을까요?

태양계 내에서 지구와 비교적 환경이 비슷한 화성에 스페이스X나 UAE 정부 등이 도시 건설 및 이주를 계획하고 있습니다. 아르테미스 계획이 순조롭게 진행되면 달을 연료 보급 기지로 하여 화성과 효율적인 왕래를 추진할 것입니다. 이른바 '달과 화성의 일체 개발'을 진행할 예정입니다.

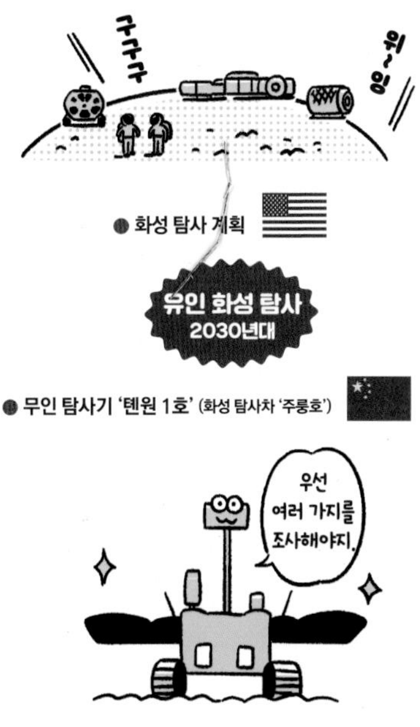

구구구
위~잉
화성 탐사 계획
유인 화성 탐사
2030년대
무인 탐사기 '톈원 1호' (화성 탐사차 '주룽호')
우선 여러 가지를 조사해야지.

2021년 미국과 소련에 이어 중국도 화성에 탐사기를 보내는 데 성공했습니다. 화성 개발에도 진출할 가능성이 큽니다.

아폴로 11호가 유인 달 착륙에 성공하고 반세기 이상이 지났지만, 미국과 소련의 냉전 종결로 사람이 달에 갈 이유는 사라졌습니다. 그러나 미국과 중국의 대립이 격화하는 2020~2030년대는 다시 달 표면, 나아가 화성의 유인 개발에 돌입할 것으로 보입니다.

칼럼

가르쳐 주세요! 우주의 일 1

야마자키 나오코 　　우주비행사

도쿄대학교 대학원 공학계 연구과 석사과정 수료 후, 일본 우주개발사업단(현 JAXA)을 거쳐 1999년 국제우주정거장(ISS)에 탑승할 우주비행사 후보자로 선발되었습니다. 2010년 4월 우주왕복선 디스커버리호에 탑승하여 ISS 조립을 주요 임무로 하는 미션에 참가했습니다. 현재는 내각부 우주 정책 위원회나 대학 객원교수로 활동하고 있습니다. 자신의 우주비행 훈련이나 운용에 관한 경험을 살려 우주 비즈니스 진흥에도 힘쓰고 있습니다.

Q 우주비행사는 우주선의 파일럿인가요?

A 우주비행사는 일반적으로 우주에서 일하는 사람을 말합니다. 최근 우주선은 자동 운전으로 통제·조절하는 경우가 많아서 조종할 기회는 별로 없고 우주선 상태를 체크하면서 비상시 대응에 준비합니다. 우주비행사는 '우주의 멀티플레이어'입니다. 현재 우주비행사는 국제우주정거장을 증·개축하거나 유지 보수하고 과학 실험을 하거나 위성을 우주 공간으로 방출하는 등 다양한 일을 합니다. 예전에는 달 궤도 비행이나 달 착륙, 허블우주망원경 수리, 우주 공간에서 ISS를 조립하는 등 매우 어려운 미션도 수행했습니다.

Q 하는 일이 정말로 다양하네요. 일은 어떻게 분담하나요?

A 여러 분류가 있어서 일률적으로 말하기 어렵지만, 제가 탄 우주왕복선에서는 '지휘관(Commander)', '미션 스페셜리스트(Mission Specialist)', '페이로드 스페셜리스트(Payload Specialist)'로 나누어져 있었습니다. '지휘관'은 선장으로서 랑데부(인공위성이나 우주선이 우주 공간에서 만나는 일 – 역자 주), 도킹, 착륙 등을 할 때 우주왕복선의 조종을 책임집니다. '미션 스페셜리스트'는 과학 실험을 하면서 ISS 증·개축, 유지 보수, 위성을 우주 공간으로 방출하는 등 프로세스에 필요한 로봇 팔(robot arm) 조종이나 우주선 밖 활동을 합니다. '우주 건설 작업원'이라고 해도 좋을 듯합니다. 특히 우주선을 나와 ISS 밖에서 태양광 패널 설치, 모듈끼리의 배관 설치, 우주 쓰레기 충돌로 생긴 구멍을 수복하는 '우주의 비계공'입니다. '페이로드 스페셜리스트'는 우주 공간의 특성을 살려 실험을 하는 전문가입니다. 의료·신약 개발이나 신소재 개발 등 무중력이어서 가능한 실험을 하는 우주 공간의 연구자입니다. 우주비행사는 이러한 여러 미션을 겸임하며 동시에 추진합니다.

Q 당신은 우주에서 어떤 일을 했나요?

A 저는 '미션 스페셜리스트'로서 ISS에 새로운 보급 모듈을 설치하기 위한 로봇 팔의 조작을 담당했습니다. 보급 모듈은 대형 버스 1대 정도의 크기로 원통형이며 ISS에 필요한 다양한 물자를 보급합니다.

Q 우주비행사의 묘미는 무엇인가요?

A 우주에 가서 오히려 지구가 아름답고 멋지다는 것을 가슴 깊이 느꼈습니다. 실제로 우주에서 본 지구는 정말로 눈부시고 강렬했습니다. 사진이나 영상으로 보는 것과 맨눈으로 보는 것은 매우 달랐습니다. 칠흑 같은 어둠 속에 떠 있는 지구는 마치 하나의 생명체처럼 아름답게 빛나고 있었습니다. 저는 아름다운 지구를 마주 보며 이치로 알 수 있다기보다 무언가 가슴에 쿵 하고 와닿는 독특한 감각을 느꼈습니다. 그리고 지구로 돌아왔을 때 느낀 중력, 산들바람, 풀 내음 등 평소 당연하다고 생각했던 지구 환경이 이렇게나 근사하고 사랑스러웠던가를 새삼 실감했습니다. 다른 나라를 방문했다가 귀국하면 내 나라의 좋은 점을 재발견하기도 하지요. 그와 마찬가지로 우주에 가면 지구의 훌륭함을 재발견할 수 있습니다.

Q 우주비행사의 전망에 대해 알려주세요.

A 우주여행자를 포함하여 우주비행사의 수는 점점 늘어나고 있습니다. 민간 기업의 우주비행사도 증가하고 있으며 JAXA는 정기적으로 우주비행사를 모집할 예정입니다. 앞으로의 목적지에는 ISS뿐만 아니라 달이나 화성도 포함됩니다. 지금까지 우주비행사는 군인·엔지니어·과학자 등 한정된 인재 중심이었지만, 앞으로는 문과를 포함하여 다양한 분야의 사람들로 이루어질 것입니다. 우주 공간·달·화성에 마을을 만들기 위해서는 의사, 엔지니어, 연구자, 농업 종사자, 운송업자, 건축가, 선생님, 보육사, 요리사, 호텔리어 등 다양한 전문가가 필요합니다. 본업으로 의사나 선생님을 하면서 부업으로 우주비행사를 하는 겸업 우주비행사도 나올 것입니다. 누구나 우주에 가는 시대가 오면 우주는 더 이상 특별한 장소가 아닙니다. 결과적으로 '우주비행사'라는 직업은 없어질지도 모릅니다.

Q 독자분들에게 한마디 부탁합니다.

A 다양한 직업군의 사람이 우주로 가는 시대가 이미 눈앞에 펼쳐졌습니다. 여러분이 지금 하는 일이나 활동의 전문성을 우주에서도 분명 살릴 수 있습니다. 우주에는 위와 아래라는 개념이 없고 위에서 아래를 내려다볼 수도 없습니다. 우주에는 국경도 없습니다. 지구에 있는 여러 직업의 전문성을 우주 공간에서 진화시켜, 진화한 전문성을 지구로 가지고 돌아오면 세상에 좋은 흐름을 가져올 수 있다고 생각합니다. 지구의 다양한 난제를 해결하기 위해서라도 부디 여러분이 하는 일의 범위에 우주도 넣어서 생각해 주세요. 벌써 설레지 않나요?

제 2 장

우주 개발, 새로운 무대로

동서양·국가·기업을 막론하고

강대국 간의 대립으로 급속하게 발전한 우주 개발은
냉전이 종결되고 평화적으로 이용됩니다.
21세기 지구 환경 문제나 사회 문제의 해결부터
새로운 비즈니스의 창출까지, 앞으로는 더 많은 사람과
조직에 문이 열려서 우주는 널리 활용될 것입니다.

2

X PRIZE

8

NASA가 본보기? 이제는 우주 민영화 시대

이미 밝혀진 것이 많고 지구와 가까운 곳은 민간이 개발합니다. 미국을 중심으로 우주 산업에 '뉴 스페이스(New Space)'라는 새로운 조류가 생겼습니다.

민간 참여로 사람·물건·돈이 순환

지금까지의 우주 산업은 정부가 '개발·실험·실전' 모든 과정을 담당했습니다. 그러나 2010년대 이후 미국은 지구 부근을 중심으로 '개발' 단계부터 민간에 맡기는 쪽으로 방향을 틀었습니다. 이로 인하여 우주 비즈니스의 민영화가 단숨에 진행되었습니다.

이전의 우주 프로젝트는 국가 주도

● 정부 기관
개발
실험
실전
여기 적힌 대로 해 주세요.
NASA
● 민간 기업
알겠습니다!

NASA가 모든 비용을 부담하며 로켓 등의 개발, 실험, 실전 모든 과정을 담당합니다.

2010년 이전에는 아폴로 계획은 물론 행성 탐사, ISS, 우주왕복선 사업도 정부 주도로 이루어졌습니다.

공공사업에서 비즈니스로 순조롭게 이행

민간 기업이 우주로 진출한다 해도 정부의 지원금과 지혜는 꼭 필요합니다. 미국은 초기 개발 단계부터 정부에서 충분히 예산을 받아 기업을 지원했습니다. 완성되면 정부가 고객으로서 '서비스를 구매'하는 구조입니다.

최근 민간이 주도하는 우주 비즈니스를 육성

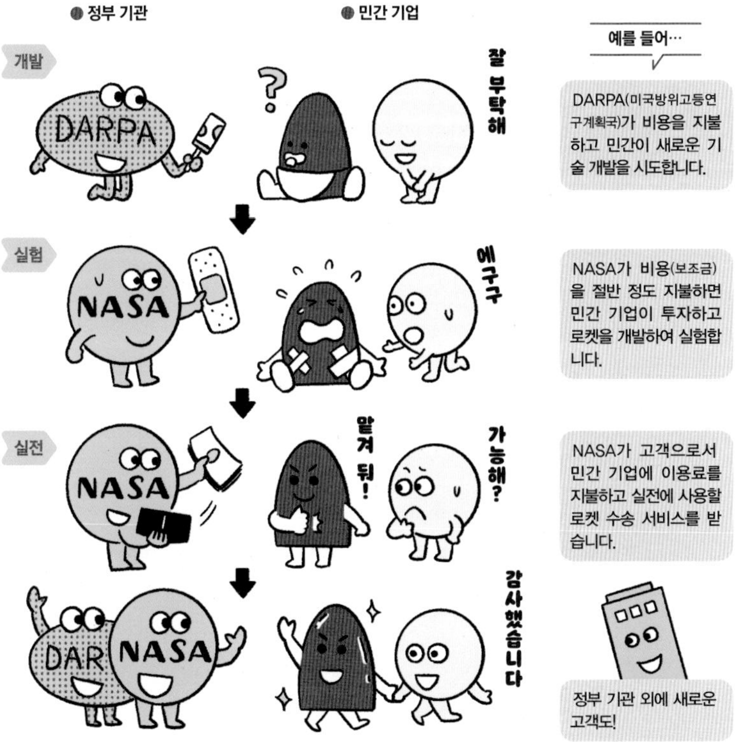
● 정부 기관
● 민간 기업
예를 들어…
개발
DARPA
잘 부탁해
DARPA(미국방위고등연구계획국)가 비용을 지불하고 민간이 새로운 기술 개발을 시도합니다.
실험
NASA
에구구
NASA가 비용(보조금)을 절반 정도 지불하면 민간 기업이 투자하고 로켓을 개발하여 실험합니다.
실전
NASA
맡겨 둬!
가능해?
NASA가 고객으로서 민간 기업에 이용료를 지불하고 실전에 사용할 로켓 수송 서비스를 받습니다.
DAR
NASA
감사했습니다
정부 기관 외에 새로운 고객도!

'인터넷'은 미국 정부가 군사 목적으로 구축했지만, 민간에 개방하여 현재는 미국의 기간산업이 되었습니다. '우주 산업'도 같습니다. 드디어 민간 주도로 산업을 발전시키는 흐름이 찾아왔습니다.

9

군사에서 민간으로! 우주 비즈니스의 기반 '인공위성'

스푸트니크 1호를 시작으로 위성 사업이 시작되었습니다. 군사는 물론이고 통신·방송, 일기 예보, 관측, 위치 확인 등 다양한 용도로 사용합니다.

많은 기업이 참여하는 우주 산업의 핵심, 인공위성

우주 산업이라고 하면 화려한 로켓 발사 이미지가 강합니다. 그러나 사실 로켓으로 우주에 운반하는 '인공위성'이 더 중요합니다. 우리 삶에 꼭 필요한 '실용 도구'이자 민간이 많이 참여하는 분야입니다.

달을 본떠 만든 '인공' 위성

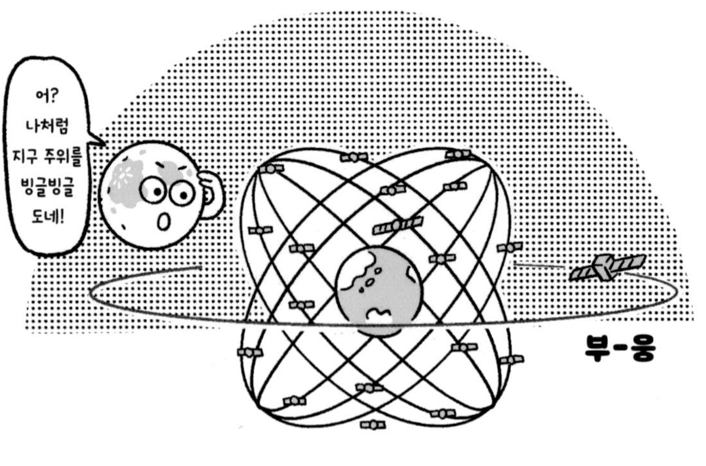
어? 나처럼 지구 주위를 빙글빙글 도네!
부-웅

용도가 다양하며 크게 3가지로 분류!

인공위성은 지구 부근 사업으로, 민간 참여가 점점 늘어나는 분야입니다. 군사, 공공, 민간 등 활용 범위가 넓고 용도에 따라 주로 3가지로 나뉩니다.

통신·방송 위성

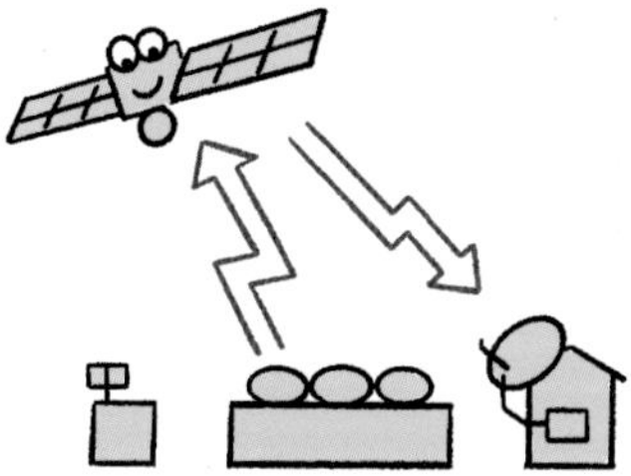

통신이나 방송을 담당하는 위성입니다. 우주를 경유하는 전파 교환으로 지상 통신·방송에 비해 압도적으로 넓은 영역을 망라합니다.

지구 관측 위성(원격탐사 위성)

삐삐삐

빛이나 전파를 사용하여 지구를 관측하는 위성입니다. 군사 시설 감시·공격 등 '군사 이용'부터 일기 예보, 지도 작성, 대기·해수 상태 확인, 자원 에너지 탐사 등 '평화적'으로도 이용합니다.

항행 위성

GPS로 유명한 위성입니다. 원래 미사일 유도 등의 군사 목적으로 개발되었습니다. 현재 구글 지도나 내비게이션, 항공기·선박 등 위치 정보 제공에 활용합니다.

덤 행성탐사기

현재 각국 정부를 주체로 하여 발사합니다. 목표로 하는 천체 궤도에서 무인 탐사를 합니다. 일본의 소행성 탐사기 '하야부사'처럼 천체에 착륙하여 샘플을 채취한 뒤 돌아오기도 합니다.

최근 다른 업종에서도 위성 제조·발사 사업에 참여하기 시작했습니다. 앞으로 규모와 상관없이 다양한 민간 비즈니스가 생겨날 것입니다. 그러한 활동에서 얻을 수 있는 데이터는 거의 모든 업종의 참여나 이용 기회로 활용될 것입니다.

10

앞으로는 엔터테인먼트도 문호 개방? '우주정거장'

현재 ISS에서는 다양한 과학 실험을 합니다. 앞으로는 영화 스튜디오나 우주 호텔과 같은 비즈니스에도 활용될 예정입니다.

원래는 실험이나 개발을 하는 곳

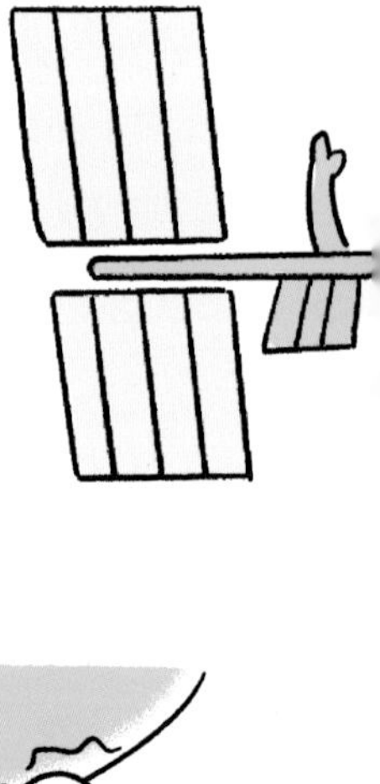

'우주정거장'은 우주에 사람이 오래 머무르기 위한 시설입니다. 현재 운용하는 국제우주정거장(ISS)은 지구 주위를 돌면서(한 번 도는 데 90분) 다양한 과학 실험이나 인공위성의 궤도 투입 등을 합니다. 무중력 특성을 살린 신약 개발이나 반도체 등 신소재 개발을 비롯하여 최첨단 연구에 공헌합니다.

우주정거장에서의 주요 미션

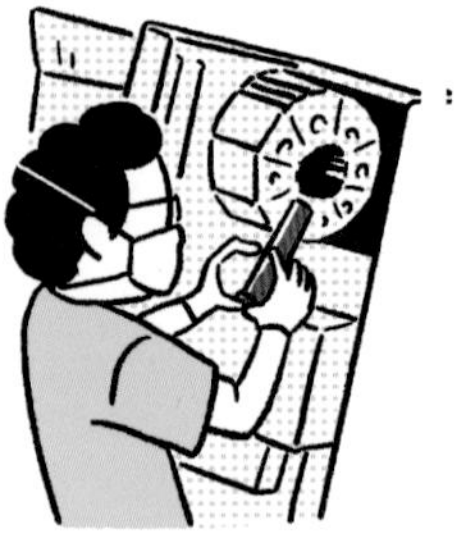

● 과학 실험

● 인공위성의 궤도 투입

● 정거장의 조립, 운반, 보수·개축

특별 훈련을 받은 우주비행사가 우주정거장에 머무르면서 미션을 수행합니다.

앞으로 ISS는 민간 비즈니스로 전용

ISS는 참여 각국의 예산으로 운용되고 있는데 2024년 이후의 예산과 운용은 정해지지 않았습니다. 앞으로는 민간의 상업 이용으로 운용·유지할 예정입니다. 현재 가장 주목받는 상업 이용은 민간인이 ISS에 머무르면서 영화를 촬영하거나 우주 호텔에 묵는 것입니다.

영화 촬영 스튜디오로 사용

!?

율리아 페레실드(러시아)　톰 크루즈(미국)

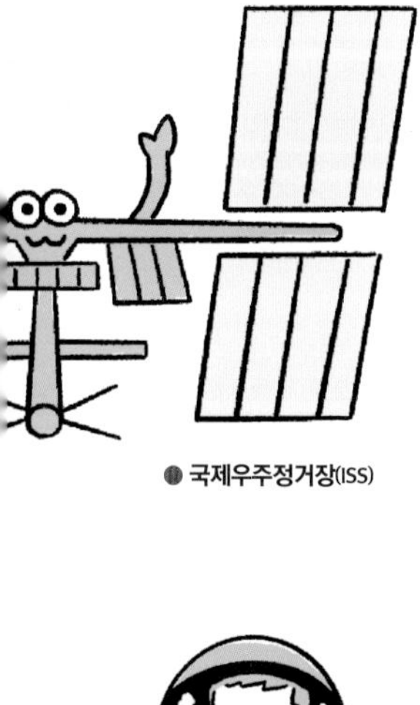

국제우주정거장(ISS)

우주 호텔로 전용

민간인 우주비행사도 체류

2021년 12월 일본 온라인 쇼핑몰 조조타운 창업자 마에자와 유사쿠가 ISS에 다녀왔습니다.

앞서 이야기한 인공위성과 마찬가지로 지구 부근 사업인 우주정거장은 민간에도 널리 문이 열리고 있습니다. ISS 외에도 여러 국가나 민간에서 우주정거장 건설을 계획하고 있어서 실험·개발부터 오락까지 비즈니스 기회의 폭이 크게 확대될 것입니다.

11

앞으로 '달'은 어떻게 되나요?

'아폴로 계획'이 종료되고 약 50년이 흐른 현재, 미국 NASA를 중심으로 하는 '아르테미스 계획'이 세워졌습니다. 2024년 인류는 다시 달을 향합니다.

2020년대 유인 달 개발의 새로운 역사 탄생

미국 NASA는 유인 달 착륙을 2024년까지, 달 기지 건설 시작을 2028년까지로 계획하고 있습니다. 이 '아르테미스 계획'은 세계 각국 파트너와 함께 실시하여 달을 도는 우주정거장을 건설합니다. 우주정거장을 거쳐 달에 도착하는 것과 달에 기지를 건설하여 계속 머무르는 것이 목표입니다.

'아르테미스 계획'이란?

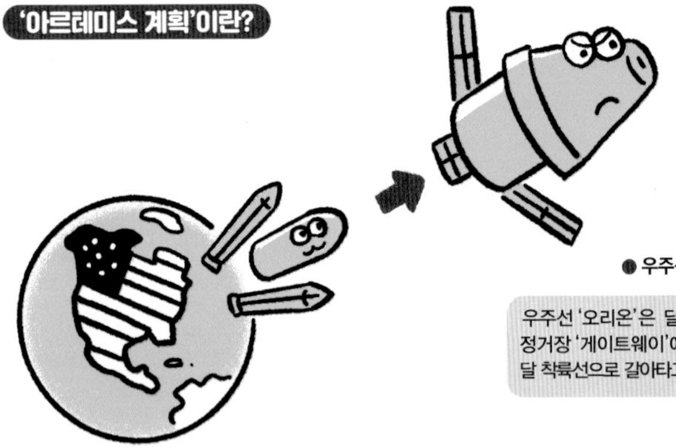

● 우주선 '오리온'

우주선 '오리온'은 달을 도는 우주정거장 '게이트웨이'에 도킹합니다. 달 착륙선으로 갈아타고 달에 갑니다.

● 아르테미스 계획을 함께하는 파트너

NASA와 NASA가 계약한 미국 민간 우주 비행 회사
ESA
JAXA
CSA
ASA

우주비행사 절반이 여성입니다. 성별과 관계없이 평등한 기회가 주어집니다.

달은 우주의 연료 보급 기지?

앞으로는 달에 있는 얼음에서 로켓 연료인 수소와 산소를 얻어 화성에도 갈 수 있습니다. '우주에서 필요한 것'은 '우주의 물질로 자급자족'할 수 있도록 계획합니다.

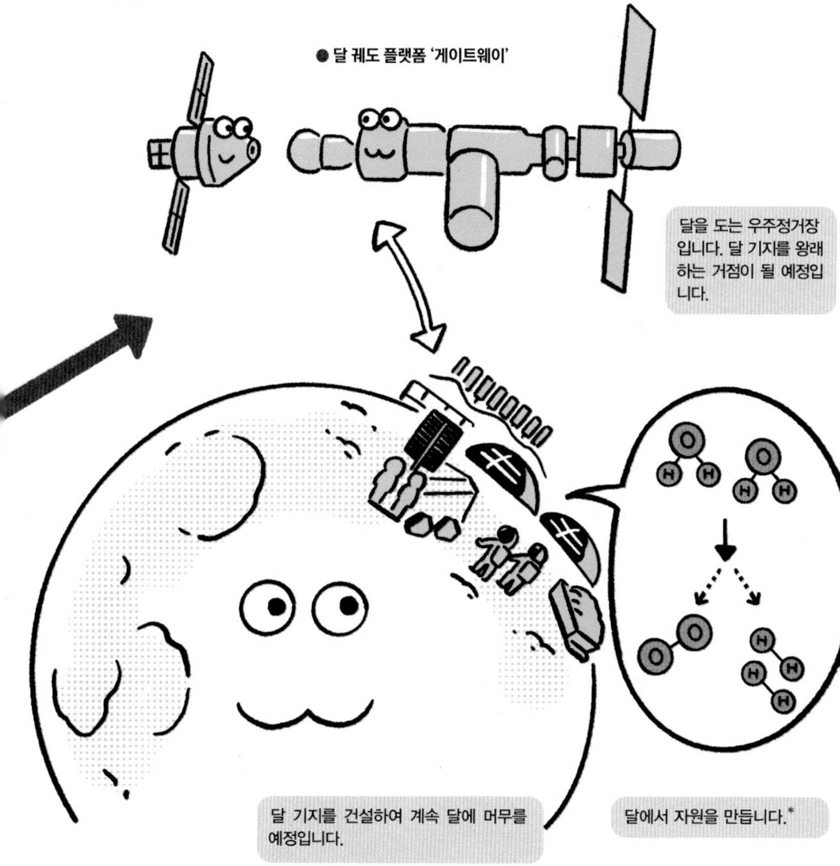
● 달 궤도 플랫폼 '게이트웨이'
달을 도는 우주정거장입니다. 달 기지를 왕래하는 거점이 될 예정입니다.
H
O
달 기지를 건설하여 계속 달에 머무를 예정입니다.
달에서 자원을 만듭니다.*

1960년대 미국은 '아폴로 계획'에 국가의 위신을 걸고 막대한 자금을 투자하였고 그 결과 달에 발을 디뎠습니다. 2020년대는 미국을 중심으로 각국의 협력, 정부와 기업의 제휴, 남녀·인종의 벽을 허물고 달을 항구적 우주 중계 거점으로 개발하는 것이 특징입니다.

* 달에서의 안전하고 평화로운 자원 개발을 위해 맺은 '아르테미스 협정'에 미국·영국·캐나다·호주·일본·러시아·룩셈부르크·UAE가 가맹했습니다(2020년 10월 서명 시점).

12

앞으로 '화성'은 어떻게 되나요?

화성의 환경은 태양계 행성 중에서 지구와 가장 비슷합니다. 2030년대 이후 인류가 오래 머무를 방법을 모색하고 있습니다.

스페이스X의 화성 이주 계획

우주 탐사 기업 스페이스X의 일론 머스크는 "기후 변화 등으로 지구가 멸망할 때를 대비하여 화성에서 살 수 있도록 할 것"이라고 말했습니다. 스페이스X는 2026년까지 첫 유인 화성 착륙을 목표로 하며 장래에는 테라포밍(terraforming)을 실현할 것이라고 합니다.

테라포밍이란?

테라포밍을 제창 합니다.
화성을 테라포밍하고 싶어.
그렇지만 현실적으로 테라포밍은 어려울 듯해.
NASA

천체의 대기·온도·생태계 등을 바꾸어 인간이나 다른 생명체가 생활할 수 있게끔 지구 환경과 비슷하게 만드는 것을 말합니다. 현재 화성은 이산화탄소 등 대기로 덮여 있지만, 땅속에 있는 얼음(물)이나 다른 자원을 활용하여 지구와 흡사한 환경을 만든다는 발상입니다.

● SF 작가 잭 윌리엄슨

● 스페이스X 일론 머스크

아랍에미리트(UAE)의 화성 이주 계획

자원 강국 UAE도 화성 이주 계획에 참여합니다. 국제 협력을 받아 2117년까지 화성에 작은 도시나 공동체를 만드는 계획입니다. 로봇을 먼저 보내서 도시를 건설한 후, 인간이 이주하는 구상입니다.

세계 유수의 자원 강국도 검토 중

게놈 기술을 활용하면 화성을 테라포밍하는 게 가능할지도 몰라요.
각국과 협력해서 화성에 50만 명이 살 도시를 만들 겁니다.

지구 환경 문제에도 유효?

합성생물학과 게놈 기술로 화성의 테라포밍을 추진합니다. 그러한 지식과 견문을 이용하면 지구의 다양한 환경 문제도 해결할 수 있을지 모릅니다. 혹독한 환경에서도 자라는 식물을 만들어 환경을 변화시킬 수 있다면 지구에도 도움이 된다는 발상입니다.

쥘 베른이 책 『달나라 탐험』을 내고 약 100년 뒤, 인류는 실제로 달에 도달했습니다. 1942년 잭 윌리엄슨이 공상과학소설에서 테라포밍을 제창했는데, 어쩌면 인류는 테라포밍을 실현할 시기에 접어들었는지도 모릅니다.

13

우주는 모두의 것!

우주 환경 쓰레기 문제가 대두되고 있습니다. 우주의 지속가능개발목표(SDGs)에 중요한 비즈니스이며, 일본 민간 기업이 앞서 활약하고 있습니다.

늘어나는 '우주 쓰레기'를 제거

현재 우주 공간에는 로켓의 잔해, 정지한 인공위성, ASAT(공격 위성)가 파괴한 위성의 잔해 등 다양한 우주 쓰레기(space debris)가 2만 개 넘게 궤도를 돌고 있습니다. 우주 쓰레기는 아주 오랜 기간 총알보다 훨씬 빠른 속도로 지구 주위를 돌고 있는데 운용 중인 인공위성이나 ISS에 충돌하여 문제를 일으킬 위험이 있습니다.

이대로 내버려 두면 엄청난 사고가 날지도 몰라!

무서워~
헉~
까아!

우주 쓰레기 제거를 일본 기업이 주도

이러한 '우주의 환경 문제'를 해결하기 위해 여러 나라의 다양한 기업들이 움직이기 시작했습니다. 그 가운데 일본 기업이 앞장서고 있습니다. 우주의 시점으로 우주를 바라보았기 때문에 생긴 비즈니스입니다.

아스트로스케일(Astroscale)의 우주 쓰레기 제거

잡았다
살려줘~

아스트로스케일은 우주 쓰레기를 제거하는 대표적인 회사입니다. 고장 난 인공위성이나 사용 기간을 넘긴 인공위성 등에 쓰레기 제거 위성이 다가가서 포획합니다. 그대로 대기권에 돌입시켜서 완전히 태우는 방법으로 제거합니다.

스카이퍼펙트 JSAT는 레이저로 제거

발사!
까-

위성 사업을 하는 스카이퍼펙트 JSAT도 우주 쓰레기 제거에 뛰어들었습니다. 제거 위성에서 발사하는 레이저 빔을 우주 쓰레기에 맞추면 우주 쓰레기의 궤도가 변경됩니다. 그 후 대기권에 돌입시켜서 완전히 태우는 방법으로 제거합니다.

아스트로스케일이 우주 쓰레기 제거 비즈니스를 시작했을 때, 우주 쓰레기 제거라는 시장은 없었습니다. 하지만 지금은 세계적으로 우주 쓰레기 문제가 중요시되어 발전하고 있습니다.

14

상금 경연 대회 'X 프라이즈'란 무엇인가?

우주 비즈니스를 가속하기 위한 큰 이벤트입니다. 준궤도 비행이나 달 표면 탐사를 하는 민간 기업의 참가를 후원합니다.

'산업의 싹'을 틔우는 기술 혁신 대회

민간 기업이 단독으로 우주여행 비즈니스나 달 개발 비즈니스 등을 시작하기란 대단히 어렵습니다. 그래서 기술 혁신 대회에서 돌파구를 찾아 새로운 산업을 창조합니다. 이 방법은 사실 100년 전부터 꾸준히 사용되고 있습니다.

① 일찍이 항공 산업을 탄생시킨 '오티그 프라이즈(Orteig Prize)'(1919~1927년)

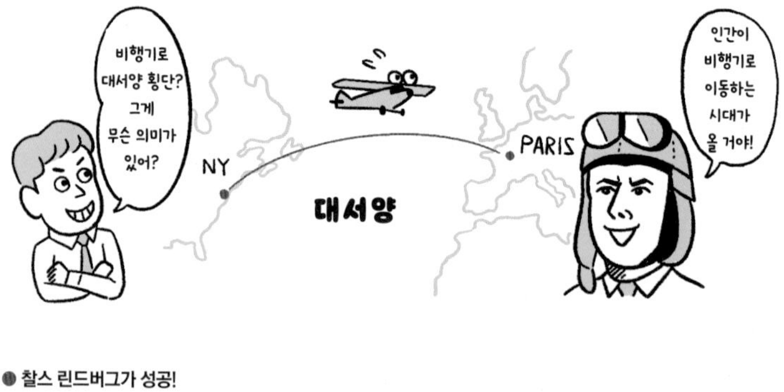

비행기로 대서양 횡단? 그게 무슨 의미가 있어?
NY
PARIS
대서양
인간이 비행기로 이동하는 시대가 올 거야!

● 찰스 린드버그가 성공!

라파예트 호텔 경영자 레이먼드 오티그는 '뉴욕과 파리 사이를 무착륙 비행'에 성공한 사람에게 상금을 수여한다고 공표했습니다. 수년에 걸쳐 자금을 모아 비행기를 개발하고, 비행기를 조종하여 대서양을 횡단하는 기술 혁신 대회였습니다. 찰스 린드버그(미국)가 대서양 횡단 비행에 성공하여 상금을 받았습니다. 오티그 프라이즈는 비행기가 산업으로 발전하는 계기가 되었습니다.

② 준궤도 비행을 만들어 낸 '안사리 X 프라이즈(Ansari X Prize)' (1996~2004년)

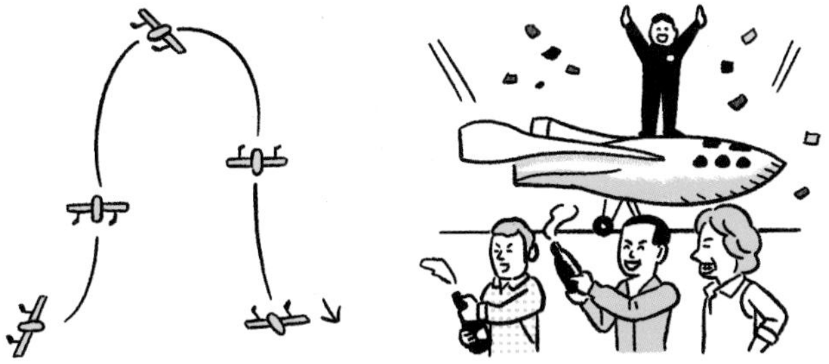

● 스페이스십 원(Space Ship One)이 성공!

안사리 X 프라이즈 재단은 '2주 동안 2번 승무원 3명이 우주 공간(고도 100킬로미터 이상)에 도달'하는 팀에게 상금 1,000만 달러(약 100억 원)를 내걸었습니다. 미국 민간 회사 스케일드 컴포지트의 우주선 스페이스십 원이 성공하여 상금을 획득했습니다. 기술은 버진 갤럭틱으로 넘어가서 준궤도 비행(유인 탄도 우주비행)으로 비즈니스화되었습니다.

③ 달 표면 개발 비즈니스를 창출한 '구글 루나 X 프라이즈(Google Lunar X Prize)' (2007~2018년)

X PRIZE

지금도 활약하는 GLXP 졸업생

- 아스트로보틱(Astrobotic)
- 문 익스프레스(Moon Express)
- 아이스페이스(ispace) 팀 하쿠토(HAKUTO)
- 파트타임사이언티스트(PTScientists)

● 일본 하쿠토는 프로젝트 진행 중!

'달 표면에 무인탐사기를 착륙시켜 500미터 이상 주행하고 고해상도 사진, 동영상, 데이터를 지구로 가장 먼저 전송'하는 팀이 2,000만 달러(약 200억 원)를 받는 경연 대회입니다. 기간 내 승자는 나오지 않고 종료되었습니다. 그러나 이 대회를 통해서 몇몇 팀은 지금 조달부터 기술 개발, 비즈니스 모델 개발까지 이루어 냈고, 실제로 비즈니스도 생겨났습니다. 경연 대회 최종 단계까지 남은 일본 팀 하쿠토도 그 가운데 하나입니다.

비즈니스의 새로운 분야는 결코 소비자가 요구해서 생기는 것이 아닙니다. 커다란 비전이 기술과 산업의 싹을 틔운 후에 소비자 요구가 발생하는 경우가 많습니다. 그러한 움직임을 만드는 구조가 기술 혁신 대회입니다.

칼럼

가르쳐 주세요! 우주의 일 2

아오키 히데타　　우주 투자가

우주 비즈니스와 우주 기술에 정통한 배경을 살려 '우주 전파자'로서 우주 산업 창출에 힘쓰고 있습니다. 미국에서 공학 석사 학위와 파일럿 면허를 취득하고 미쓰비시전기에서 일본 최초 우주선 '황새'를 개발하여 많은 상을 받았습니다. 우주 비즈니스 컨설팅 등에 종사한 후, 현재는 벤처 자본가(투자가)로서 세계의 벤처 기업을 지원합니다. 내각부나 JAXA를 비롯한 정부 위원회 위원을 다수 역임했습니다. 일반사단법인 스페이스타이드(SPACETIDE) 공동창업자입니다.

Q 우주 투자가는 어떤 일을 하나요?

A 투자가는 '상장기업 주식을 매매하는 사람'이라는 이미지가 강합니다. 하지만 제가 투자가로서 하는 일은 '비상장 벤처 기업에 투자해서 그 기업이 성장할 수 있도록 지원'하는 것입니다. 한마디로 우주 투자가는 '우주 분야의 비상장 벤처 기업에 투자하는 사람'입니다.

Q 그렇군요. 구체적으로 어떻게 벤처 기업을 지원하나요?

A 우선 '우주 사업을 시작하고 싶은 사람'의 상담을 받아 회사 설립의 전 단계부터 함께 전략을 세웁니다. 예를 들어 비즈니스 경험이 적은 기술자나 우주 벤처 기업을 세우고 싶어도 기술은 잘 모르는 사람이 있습니다. 그러한 사람과 함께 회사 전략을 생각하고 설립 방법 등을 조언합니다. 실제 회사가 생기면 다음은 투자입니다. 은행처럼 돈을 빌려주고 금리를 받는 것을 융자, 갚을 의무가 없는 돈 대신 주식을 건네는 것을 출자라고 합니다. 이러한 투자금으로 회사는 제품이나 서비스 개발을 시작합니다. 회사가 사업을 시작하면 저는 회사의 모든 면에 조언하고 지원합니다. 비즈니스 모델, 회계·재무, 기술, 마케팅, 채용, 상장 준비, 기업과의 협업, 법무, 정부 섭외 등 회사의 시작부터 상장까지 모든 요소를 망라합니다. 우주와 관련된 기술에만 정통한 것이 아니라 회사 성장에 관련된 것에도 정통해야 합니다. 이러한 과정을 거쳐 회사를 성장시키고 상장시킴으로써 투자한 주식의 가치를 올리고 이익을 창출합니다.

Q 투자가가 하는 일이 그렇게 폭넓은 줄 몰랐어요.

A 일반적인 투자가는 이렇게까지 전체적으로 관여하지 않습니다. 그 때문인지 제가 있는 곳은 '우주 벤처 기업의 상담소'로 여겨져 세계에 있는 신출내기 우주 기업가들이 매일같이 찾아옵니다. 조언받은 사람이 몇 년 뒤에 사업을 구체화해서 가지고 오면 그 타이밍에 투자하는 일도 자주 있습니다.

Q 투자하는 기업은 우주하고 관련된 기업이지요? 예를 들어 어떤 기업인가요?

A 인공위성, 엔진, 로봇, 데이터 분석 등 우주와 관련된 다양한 벤처 기업이 대

상입니다. 주로 투자하는 국가는 북미, 서양, 아시아로 매일 세계의 기업가와 이야기합니다.

Q 슈퍼맨 같아요! 어떻게 그렇게 여러 가지가 가능한가요?

A 저는 미국의 대학에서 우주 기술을 배웠고 기술자로서 우주선 개발을 하고 있습니다. 그러나 기술에 정통하더라도 비즈니스를 모르면 우주 산업 발전에 공헌하기 어렵다는 것을 깨달았습니다. 그래서 경영대학원을 거쳐 컨설턴트 그리고 투자가로 전향했습니다. 또한 기술과 비즈니스 양쪽 분야의 전문성을 살려 현재는 정부 위원회 등에 종사하며 정책 제안도 합니다. 이처럼 지금까지의 경력으로 우주 벤처 기업을 지원하기 위해 필요한 스킬이 되는 ① 우주 기술 ② 비즈니스 ③ 정책의 3종 세트를 프로로서 경험할 수 있었기 때문에 가능했습니다.

Q 일의 힘든 점이나 장점을 알려 주세요.

A 힘든 점은 힘든 일이 연속된다는 것입니다. (하하하) 비즈니스의 요소는 사람·물건·돈이라고 하는데 벤처 기업은 사람도 물건도 돈도 아무것도 없습니다. 허허벌판에서 시작하여 상장을 목표로 하므로 당연히 곤란한 일들이 끊이지 않습니다. 게다가 우주 비즈니스는 난이도가 높은 분야라서 기업가와 이야기하면 하루에 몇 번이나 경영 과제·난제에 부딪힙니다. 그런 상황을 신속하게 연달아 해결해 나가야 합니다. 카오스 상태에서 성장과 성공을 연결하는 일이어서 성장이나 성공 체험을 공유할 수 있는 순간은 대단히 보람을 느낍니다. 벤처 기업의 성장은 육아에 비유할 수 있습니다. 벤처 기업이 최종적으로 상장을 하면 아장아장 걷던 아이가 훌륭한 사회인이 된 느낌이랄까요? 육아와 마찬가지로 힘든 일의 연속이지만 그만큼 보람도 큽니다.

Q 우주 투자가의 전망과 독자분들에게 한마디 부탁합니다!

A 우주 산업은 거대한 성장 산업이며 실제로 우주 벤처는 엄청난 기세로 증가하고 있습니다. 그에 따라 앞으로 제 역할은 수요가 높아질 것이므로 저와 같은 사람이 많아지기를 바랍니다. 부디 여러분, 대기업에 묻히지 말고 자신의 아이디어로 기업을 세우고 일자리를 만들어서 산업에 공헌해 주세요.

제 3 장

우주 비즈니스로 무엇이 실현되나요?

모두의 생활이 크게 바뀝니다

앞으로 비즈니스의 범위는 지상에서 우주로 점점 확대될 것입니다.
통신, 수송, 테크놀로지, 빅데이터, 신약 개발, 자원 에너지와 같은 업계만이 아니라 언뜻 보기에 우주와 무관한 서비스, 엔터테인먼트, 패션 등 다양한 업계도 우주를 이용한 비즈니스로 바뀔 것입니다.

3

15

이렇게 나누면 우주 비즈니스가 활기를 띱니다

가까운 우주는 '민간'이, 먼 우주는 '정부'가 담당합니다. 미국을 본보기 삼아 이러한 흐름이 각국으로 번집니다.

실적이 있으면 점점 상업화

최근 들어 지금까지의 우주 개발로 안정된 기술이나 노하우가 축적된 것은 가급적 민간에 맡기는 추세입니다. 성능이나 비용 추구에 머무르지 않고 새로운 비즈니스로의 발전 등 민간의 기술 개발 혁신을 기대하는 분야로 성장하고 있습니다.

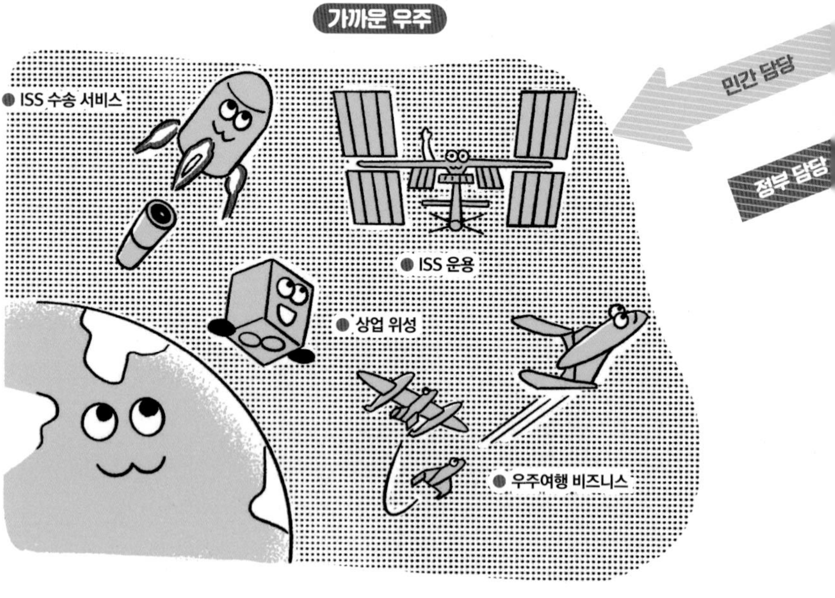

가까운 우주
민간 담당
정부 담당
ISS 수송 서비스
ISS 운용
상업 위성
우주여행 비즈니스

심우주(deep space)나 군사·공공은 국가에서 충실하게

우주 사업에서 아직 과학 탐구가 필요한 분야, 인류에게 주어진 커다란 과제, 군사나 공공에 관련된 일은 앞으로도 정부의 일입니다. 국가가 미개척지를 개척해 나감으로써 우주 산업 전체의 발전을 기대합니다.

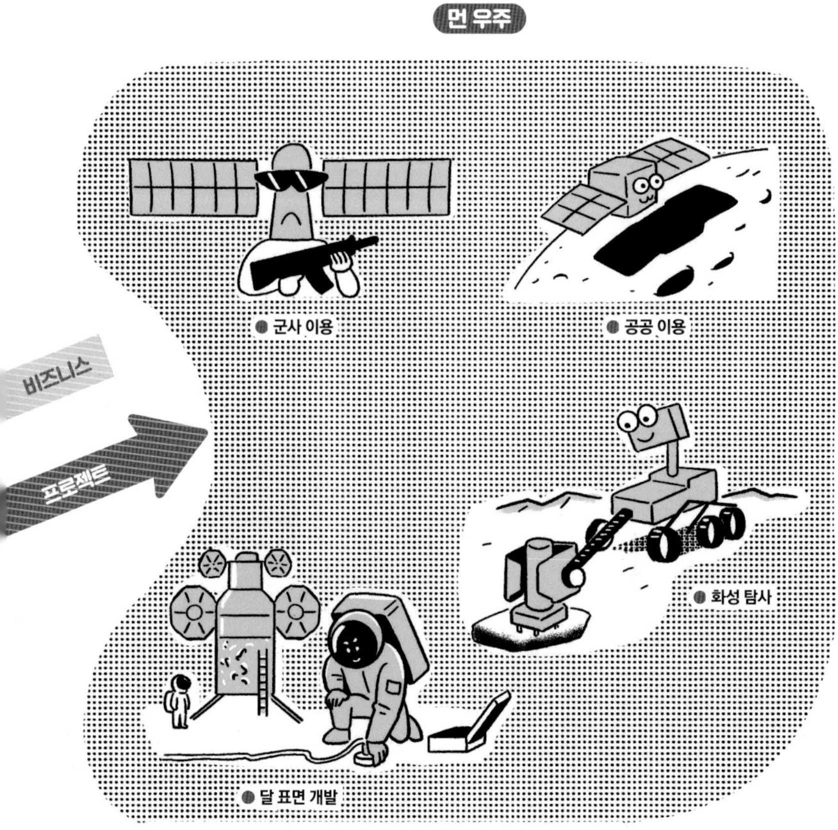

먼 우주
군사 이용
공공 이용
비즈니스
프로젝트
화성 탐사
달 표면 개발

그러한 가운데 최근 스페이스X가 화성 이주 계획을 발표하는 등 민간 기업도 심우주 도전에 나서고 있습니다. 민간이 발전하고 성장할수록 결과적으로 국력이 신장하는 것은 틀림없습니다.

16

'우주 인터넷'이란?

지상이나 해저에 케이블을 깔지 않아도 위성 인터넷이 있으면 국경과 관계 없이 광대역(broadband) 인터넷망을 사용할 수 있습니다.

위성을 이용하여 언제 어디서나

방대한 수의 통신 위성을 우주로 띄워서 지구를 광대역 인터넷망으로 빈틈없이 둘러싸는 서비스를 '위성 인터넷(우주 인터넷)'이라고 합니다. 시골이나 신흥국 등 인프라 설비가 부족한 장소에서도 광대역 인터넷 서비스를 자유롭게 이용할 수 있습니다.

지금도 인터넷이 연결되지 않은 장소가 의외로 많습니다.

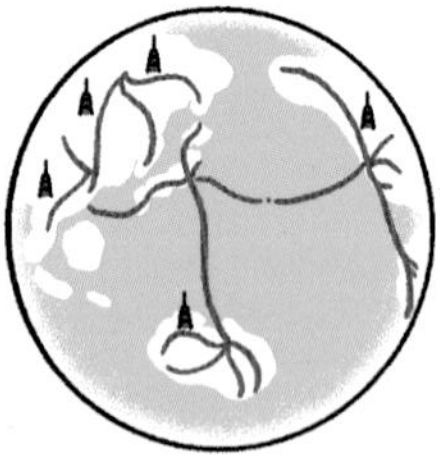

● 해저·지상 케이블

케이블망이 닿지 않는 지역은 의외로 많습니다. 현재 세계 인구 40퍼센트 이상인 30억 명은 인터넷 접속이 어렵습니다.

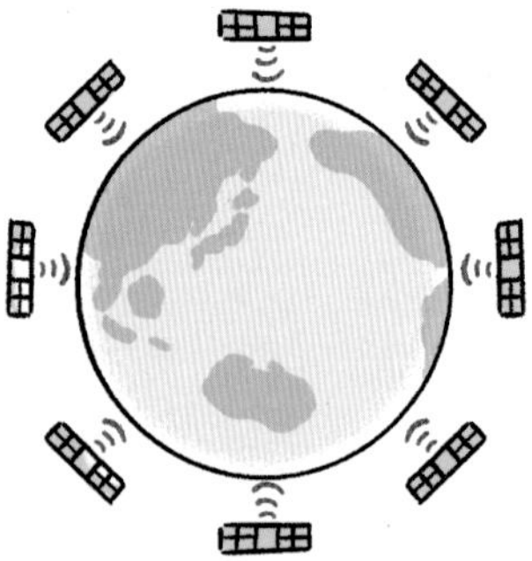

● 통신 위성

우주에 배치한 위성을 활용하면 언제 어디서나 인터넷을 연결할 수 있습니다.

지상에서 공사가 불필요 만일의 경우는 백업

일반 통신망이나 인터넷망을 사용하려면 지상 모든 곳에 전파탑을 세우고 지상과 해저에 케이블을 깔아야 합니다. 위성을 경유하면 전파탑이나 케이블이 없는 지역에 도움이 될 뿐 아니라 현재 인터넷이 사용 가능한 환경에서도 긴급할 때 백업으로 활용할 수 있습니다.

지상 인프라가 없어도 OK

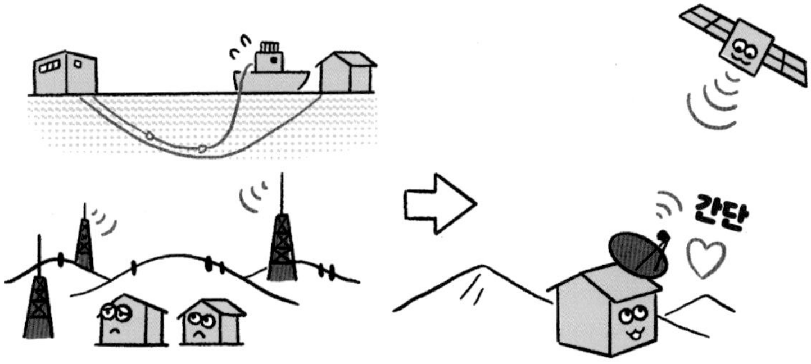
간단

개인도 기업도 더욱 편리한 시대로!

정글 숲에서 비트코인 거래

에베레스트에서 구글 지도로 하산 경로 확인

표류했을 때 살아남기 위해 웹 검색

앞으로 모든 사람이 초고속 인터넷을 사용하게 되면 생활의 질이 올라갈 뿐 아니라 여러 가지 비즈니스가 만들어지는 환경도 갖추어질 것입니다.

17

'우주 빅데이터'란?

항상 지구를 모니터링하고 농업·어업·마케팅·금융·부동산 등 여러 용도로 데이터를 활용합니다.

지구 상황을 '한눈에' 확인

최근 기술의 진보로 지구를 항상 모니터링할 수 있게 되었습니다. 상공에서 사진 찍는 빈도를 높일 수 있고 구름이 많아도, 깜깜한 밤이어도 레이더로 탐지 가능합니다. 그러한 데이터와 지상 데이터를 조합하여 AI로 해석하면 지금까지 보이지 않았던 것을 발견할 수 있습니다.

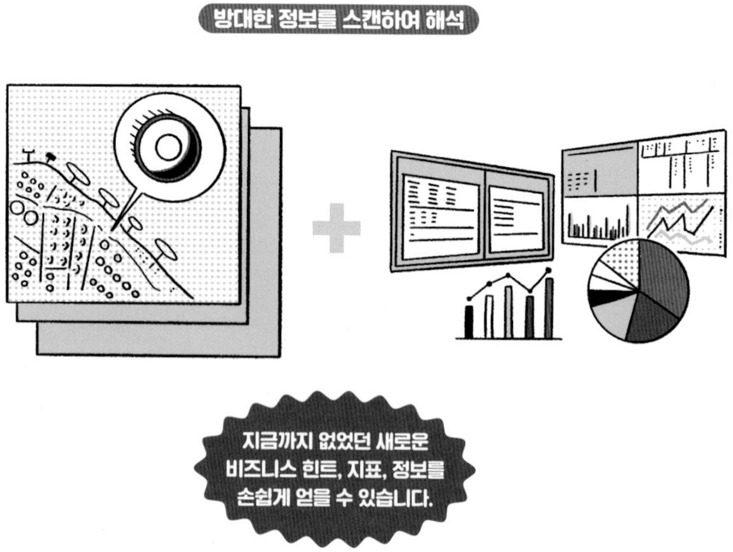
방대한 정보를 스캔하여 해석
지금까지 없었던 새로운 비즈니스 힌트, 지표, 정보를 손쉽게 얻을 수 있습니다.

데이터 활용으로 이런 일이 가능

지금까지 지상에서는 파악하기 어려웠던 다양한 데이터를 얻음으로써 분석 속도와 정밀도가 비약적으로 향상되거나 새로운 비즈니스가 생길 가능성은 무한대입니다.

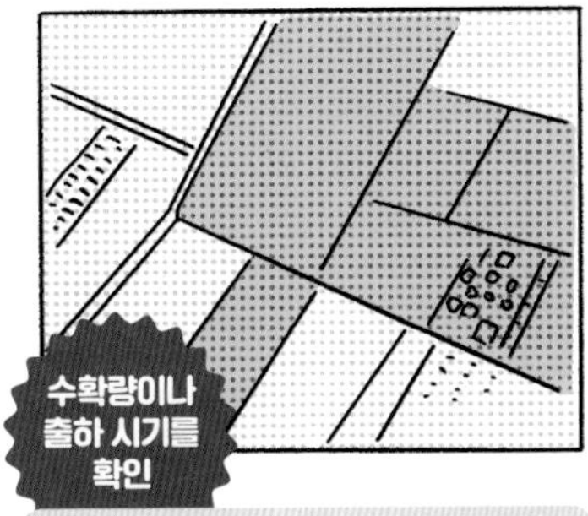
수확량이나
출하 시기를
확인

농작물의 발육 상태를 거시적으로 검사하여 알아내고 선거래 등의 금융 거래, 광고에 활용합니다.

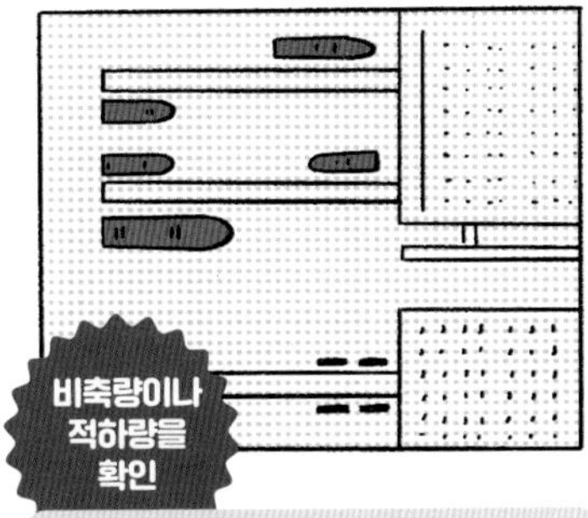
비축량이나
적하량을
확인

석유 비축 탱크나 화물선을 모니터링하고 세계적 수급 밸런스를 예측합니다.

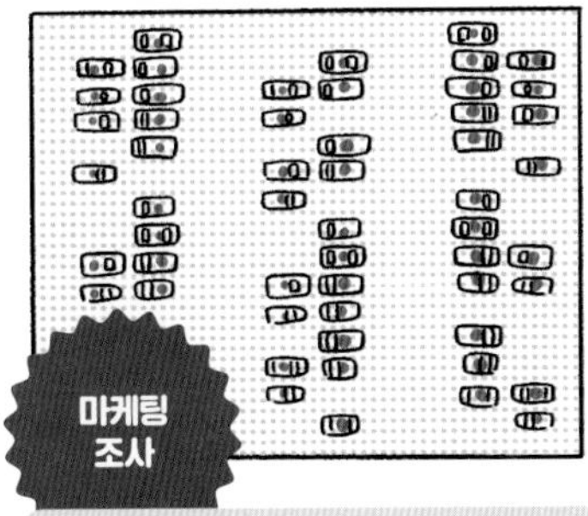
마케팅
조사

교통량, 주차장 등을 모니터함으로써 지역이나 시간대별 수요를 예측하여 부동산 개발에 이용합니다.

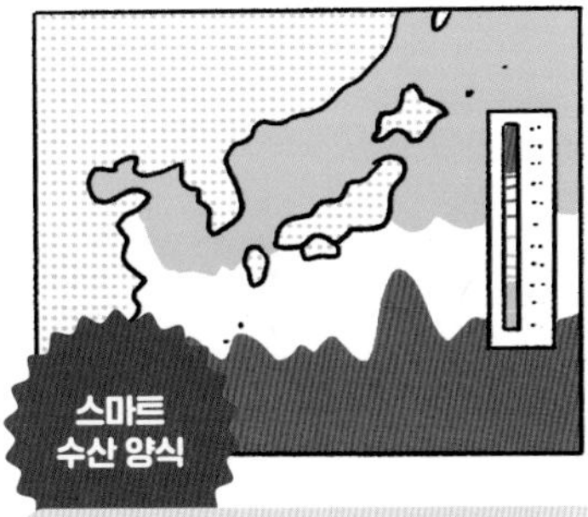
스마트
수산 양식

해양 플랑크톤 분포 등 우주에서의 바다 환경 분석으로 수산 양식의 번식·관리를 최적화합니다.

현재는 온갖 빅데이터를 활용하는 시대입니다. 여기에 '우주 빅데이터'를 더하면, 예를 들어 지금까지의 빅데이터는 모두 '위치 정보'로 지도상에 표시할 수 있습니다. 그렇게 되었을 때 무엇이 보일까요? 지금보다 훨씬 다양한 지식과 견문을 얻을 수 있는 것은 틀림없습니다.

18

'우주 공장'이란?

신약 개발, 특수 합금, 반도체 영상, 바이오 3D 프린팅 등 우주는 무중력 환경을 활용한 최첨단 공장이 됩니다.

앞으로는 ISS 외의 장소도 후보

현재 무중력 환경에서의 실험이나 개발은 국제우주정거장(ISS)에서 합니다. 그러한 이유로 우주비행사 가운데 의학이나 과학 지식을 갖춘 사람이 많습니다. 그러나 앞으로의 ISS 운용 방침이 정해지지 않아서 독자적으로 인공위성을 쏘아 올려 무인으로 실험·개발하는 서비스도 잇따라 생기고 있습니다.

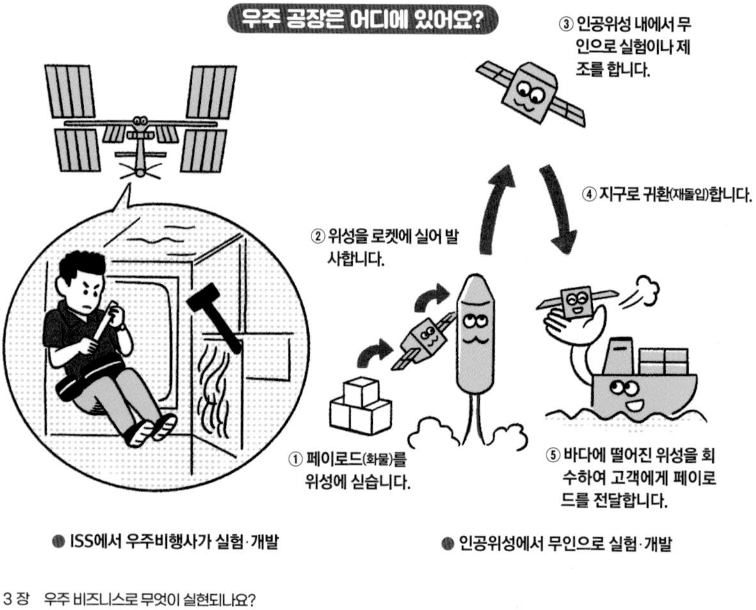
우주 공장은 어디에 있어요?
③ 인공위성 내에서 무인으로 실험이나 제조를 합니다.
④ 지구로 귀환(재돌입)합니다.
② 위성을 로켓에 실어 발사합니다.
① 페이로드(화물)를 위성에 싣습니다.
⑤ 바다에 떨어진 위성을 회수하여 고객에게 페이로드를 전달합니다.
● ISS에서 우주비행사가 실험·개발
● 인공위성에서 무인으로 실험·개발

예를 들면 무중력에서의 신약 개발

신약을 개발할 때는 질병에 대응하는 다양한 단백질 결정을 만들어 실험해야 합니다. 지구에서는 중력 때문에 품질 좋은 단백질 결정을 만들기 어렵지만, 우주는 무중력 환경이어서 신약 실험에 커다란 기대를 하고 있습니다.

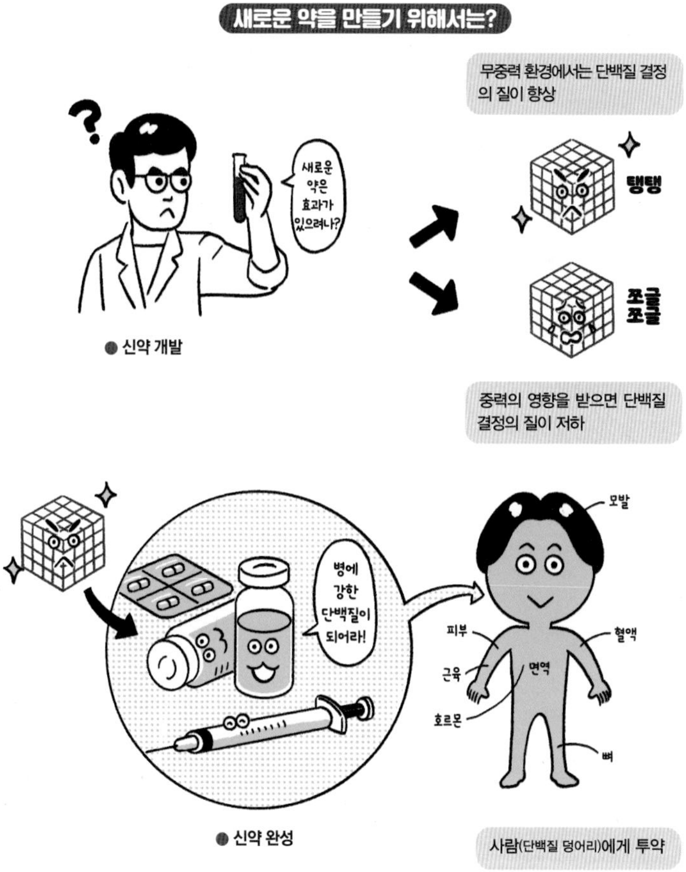

새로운 약을 만들기 위해서는?
새로운 약은 효과가 있으려나?
무중력 환경에서는 단백질 결정의 질이 향상
탱탱
쪼글쪼글
중력의 영향을 받으면 단백질 결정의 질이 저하
병에 강한 단백질이 되어라!
모발
피부
혈액
근육
면역
호르몬
뼈
사람(단백질 덩어리)에게 투약

● 신약 개발

● 신약 완성

우주의 무중력 환경을 활용하면 기존에는 불가능했던 실험, 개발, 제조까지 할 수 있는 가능성이 열립니다. 새로운 영역이기 때문에 얻을 수 있는 지혜와 비즈니스를 추구할 수 있습니다.

19

'우주 자원 에너지'란?

인류 경제 활동의 근원은 자원 에너지입니다. 각국이 지구에서 치열하게 경쟁한 산업은 드디어 우주 산업으로 바뀝니다.

이제 지구만으로는 조달할 수 없다?

자원 에너지 획득은 어느 시대나 인류에게 매우 중요한 과제 가운데 하나입니다. 앞으로 우주 자원 에너지 전략은 필수이며, 크게 3가지로 분류할 수 있습니다.

① 지구에 필요한 희소 자원을 우주에서 획득

지구에서 채취하기 어려운 금속·광물 자원을 다른 소행성에서 채취하여 지구로 가져오는 사업입니다. 레어메탈은 이름 그대로 희소(rare) 금속(metal)입니다. 지구 밖에서 대량으로 획득할 수 있으면 큰 이익이 됩니다.

현시점에서는 기술 난이도가 높아서 비용 대비 효과가 낮지만 멀리 내다보면 현실적인 선택이 될지도 모릅니다.

● 우주 태양광 발전

우주 공간에 무한하게 쏟아지는 태양광으로 전기를 만들어서 지구로 직접 보내면 더할 나위 없는 무한 에너지를 얻을 수 있습니다.

와~아

● 우주에서 자원 채취·채굴

과거에 향신료를 얻기 위해 새로운 땅을 찾아 나선 대항해시대처럼 우주 자원을 획득하기 위한 우주 대항해시대가 도래할지도 모릅니다.

② 우주 개발에 필요한 자원 에너지를 현지에서 조달

달이나 화성 개발에 필요한 물자나 에너지원을 지구로부터 가져오는 것은 효율이 낮습니다. 달의 경우는 달의 모래로 콘크리트를 만들거나, 달에 있는 물을 생활에 사용하거나, 물을 수소와 산소로 분해하여 로켓 연료로 사용하는 등 우주에서 자원 에너지를 획득·사용하는 것을 목표로 합니다.

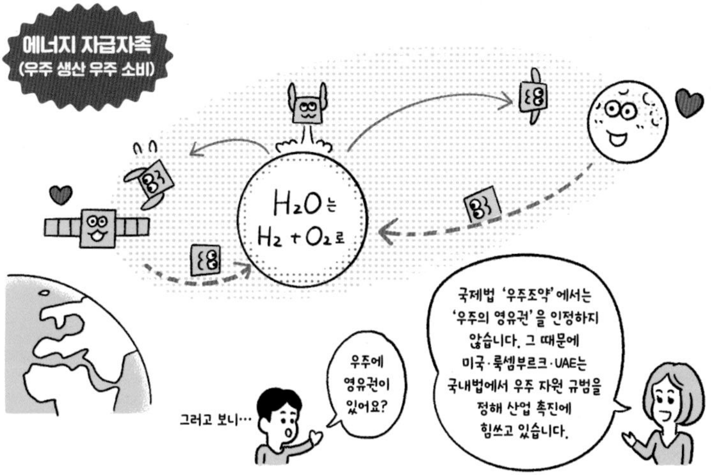
에너지 자급자족
(우주 생산 우주 소비)
H_2O는
$H_2 + O_2$로
국제법 '우주조약'에서는 '우주의 영유권'을 인정하지 않습니다. 그 때문에 미국·룩셈부르크·UAE는 국내법에서 우주 자원 규범을 정해 산업 촉진에 힘쓰고 있습니다.
그러고 보니…
우주에 영유권이 있어요?

③ 우주에서 지상을 모니터하여 자원 에너지를 효율적으로 획득

위성을 이용하여 지상이나 해상 상황을 모니터함으로써 수자원, 광물 자원, 해저 유전 탐사 등이 쉬워집니다. 앞으로 지구 자원 에너지 개발도 한층 진화할 것입니다.

위에서 보면
깔끔!
삐삐삐…

인류의 역사는 식량, 석탄, 석유, 광물 자원, 물, 토지 등의 쟁탈의 연속이라고도 할 수 있습니다. 전쟁의 원인 대부분은 자원 에너지와 관련이 있고 경제 활동의 근원도 자원 에너지에 바탕을 둡니다. 앞으로 우주의 자원 에너지 산업을 어떻게 펼쳐 나갈지 인류의 지혜가 시험받는다고 할 수 있겠습니다.

20

'우주여행 비즈니스'란?

2021년 리처드 브랜슨, 제프 베이조스를 포함하여 민간인도 잇따라 우주로 출발했습니다.

현재 신청할 수 있는 여행은 크게 4가지

우주여행이라 해도 우주선의 비행법이나 목적지에 따라 종류와 비용이 다양합니다. 현재 민간인이 구매 가능한 여행 계획을 간략하게 소개합니다.

① 준궤도 비행(탄도 비행)

지구와 우주의 경계선이라고 볼 수 있는 고도 100킬로미터까지 비행하며 몇 분 정도 무중력을 체험합니다. 여행이라기보다 '궁극의 어트랙션'이라는 느낌입니다.

운영 회사: 버진 갤럭틱, 블루 오리진, PD 에어로스페이스

② 지구 궤도 여행

지구를 90분 동안 한 바퀴 도는 궤도에서 며칠 동안 비행합니다. 투명한 돔에서 우주와 지구의 커다란 파노라마를 즐길 수 있습니다.

운영 회사: 스페이스X

수억 원으로
저렴하며
몇십 분 동안
가볍게 다녀오는
우주여행

수백억 원이 들며
지구 궤도를
여유 있게 돕니다.

③ ISS 체류 여행(우주 호텔)

앞으로 민영화되는 국제우주정거장(ISS)에 있는 호텔에서 묵는 여행입니다. ISS에서 우주비행사와 함께 무중력 생활을 즐길 수 있습니다. 민간 기업이 ISS에 설치한 호텔에서 느긋하게 우주를 만끽할 수 있습니다.

운영 회사: 스페이스 어드벤처스(Space Adventures), 액시엄 스페이스

④ 달 궤도 여행

지구 궤도를 벗어나 36만 킬로미터 떨어진 달 궤도에 진입하여 비행하고 일주일에 걸쳐 지구로 돌아옵니다. 가장 멀리 가는 우주여행입니다. 달 표면을 가까이에서 볼 수 있고 멀리 떨어진 지구를 감상할 수 있는 것이 특징입니다.

운영 회사: 스페이스X

비용은 수백억 원으로 우주비행사와 함께 머무릅니다.
HOTEL

수천억 원이 듭니다. 달은 가까이에서 지구는 멀리서 바라봅시다!

이처럼 수억 원으로 가볍게 즐길 수 있는 준궤도 비행부터 수천억 원으로 엄청난 모험이 될 달 궤도 여행까지 다양한 계획이 우주여행 비즈니스로 자리 잡고 있습니다. 여러분은 어떤 여행이 마음에 드십니까?

21

'우주 수송 비즈니스'란?

텔레비전에서 대대적으로 보도되는 로켓 발사 장면을 본 적이 있습니까? 일반적으로 ISS에 사람과 물건을 보내거나 우주로 인공위성을 운반하거나 둘 중 하나입니다.

로켓으로 우주에 갑니다!

우주 수송 비즈니스의 주역은 로켓입니다. 앞으로 우주여행이 일반화되고 우주 비즈니스가 다양해지면 우주로 사람을 보내거나 물건을 운반하는 요구는 점점 늘어날 것입니다. 기체 제작에서 운용에 이르기까지 다양한 제품과 서비스가 기대됩니다.

우주선이나 인공위성을 우주로 쏘아 올립니다.

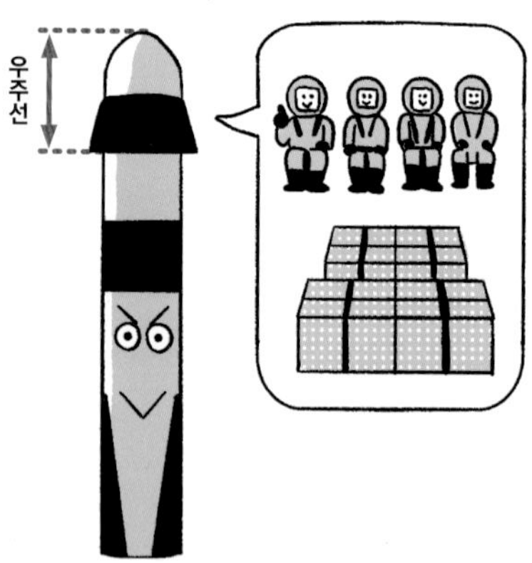

우주선

● 사람을 보내거나 물건을 운반

우주선에 사람을 태우고 물건을 실어서 쏘아 올립니다. 우주선은 ISS와 도킹하거나 우주 공간을 항행하여 천체에 착륙합니다.

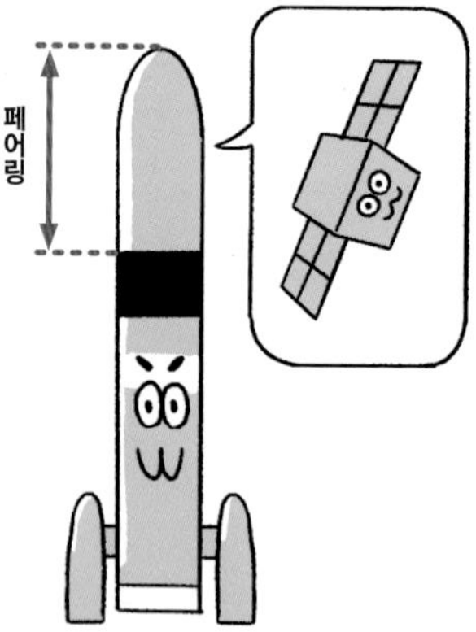

페어링

● 위성을 우주 공간에 투입

페어링(보호 덮개) 안쪽에 위성을 실어 발사합니다. 우주 공간에 도달하면 페어링이 열리고 위성이 나옵니다.

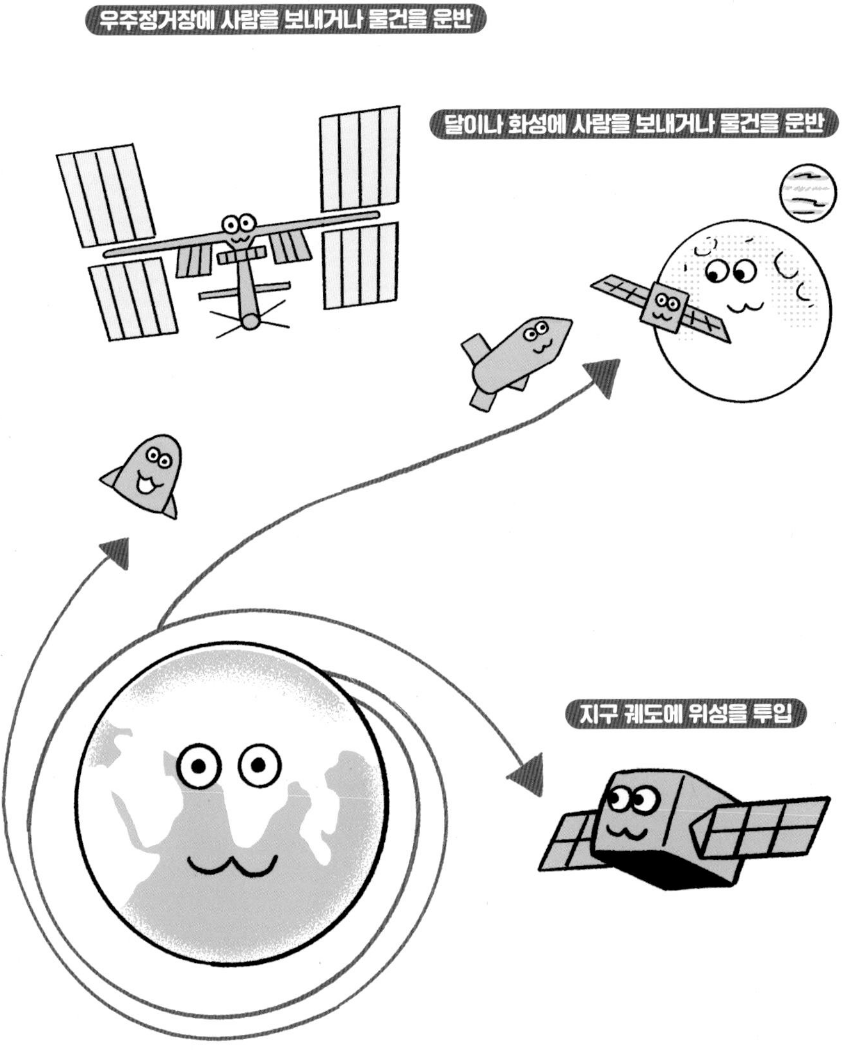
우주정거장에 사람을 보내거나 물건을 운반
달이나 화성에 사람을 보내거나 물건을 운반
지구 궤도에 위성을 투입

인공위성이나 우주여행 등 우주 산업의 수요는 급속하게 확대되고 있지만, 우주로의 수송 수단인 로켓 공급은 수요를 따라가지 못하는 상황입니다. 로켓의 공급은 앞으로 우주 산업 발전의 열쇠가 될 것입니다.

22

'우주 화폐'란?

억만장자·벤처캐피털·금융 기관의 투자, 보험사의 우주손해보험, 위성 금융 등 거대한 화폐가 움직입니다.

엄청난 금액의 돈으로 거대한 비즈니스

고위험·고수익의 우주 업계에서 거액의 자본을 빼놓을 수 없습니다. 돈과 관련된 업계, 투자나 보험을 포함하여 금융 전반의 참여가 늘어나면 그만큼 비즈니스도 크게 성장할 것입니다.

① 우주 사업 투자

네덜란드와
영국의
동인도회사
엔젤투자자,
벤처캐피털, 증권사,
은행 등

17세기 대항해시대, 동방에 가서 향신료를 가지고 돌아오면 커다란 이익을 남길 수 있었지만 막대한 비용이 들고 성공할 확률도 낮았습니다. 그리하여 많은 사람으로부터 돈을 모아 투자하는 주식회사 구조가 탄생했습니다. 현재 21세기는 우주 비즈니스 시대, 우주 대항해도 마찬가지로 고위험·고수익 비즈니스입니다. 많은 사람과 다양한 기관이 투자에 뛰어들고 있습니다.

② 우주손해보험

자동차보험이나
화재보험에 가까운
이미지일지도
모릅니다.

예를 들어 위성을 로켓으로 쏘아 올려 궤도에 투입할 때 다양한 위험이 따릅니다. 발사 실패, 우주 공간에서의 위성 고장, 위성끼리 충돌 등 손해를 보상하는 보험은 필수입니다. 로켓이나 위성 자체의 손실 보험뿐 아니라 발사 실패 등으로 타인에게 손해를 끼칠 경우의 보험도 있습니다.

③ 금융업계의 위성 활용

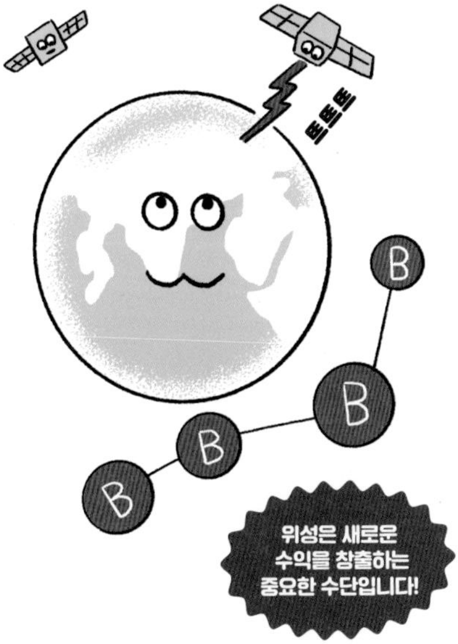
B
B
B
B
위성은 새로운
수익을 창출하는
중요한 수단입니다!

● **재해 상황 모니터**

수해 등 대규모 재해가 발생했을 때 위성에서 피해 상황을 모니터합니다. 보험금 지급 기간을 대폭으로 단축할 수 있습니다.

● **위성 빅데이터로 정보 수집**

금융업계에서 필수인 GDP, 고용 통계, POS 데이터, SNS·입소문 등 다양한 데이터와 더불어 우주 빅데이터를 활용합니다. 데이터 분석을 투자 전략에 활용합니다.

● **위성 블록체인**

인공위성을 결제 수단으로 활용합니다. 국경과 상관없이 각국 정부의 법정 통화와는 다른 분산형 금융이 지구 어디에서나 가능합니다!

우주 비즈니스는 2040년대로 들어서면 시장 규모 1,000조 원을 넘는 굉장한 산업이 될 것입니다. 우리나라 우주 비즈니스의 투자액은 미국 등에 비하면 매우 적은 것이 현실입니다. 얼마나 적극적으로 자본을 유치하느냐가 앞으로의 과제라고 할 수 있겠습니다.

23

다양한 우주 비즈니스가 꽃을 피웁니다!

과학이나 기술업계가 아니어도 괜찮습니다. 이제는 의식주를 비롯하여 모든 업계가 진출할 기회입니다.

우주에서 할 수 있는 일은 무한대!

위성이나 로켓 등 우주를 활용하는 기반이 정돈되고 있는 지금, 더 이상 우주는 기존 우주 업계만의 것이 아닙니다. 우주와 무관했던 업계부터 기존 우주 산업에서는 절대로 실현할 수 없다고 여겨지던 분야까지, 생각할 수조차 없던 비즈니스가 최근 연달아 생기고 있습니다.

우주 식량 계획

'스페이스 푸드스피어 (SPACE FOODSPHERE)'

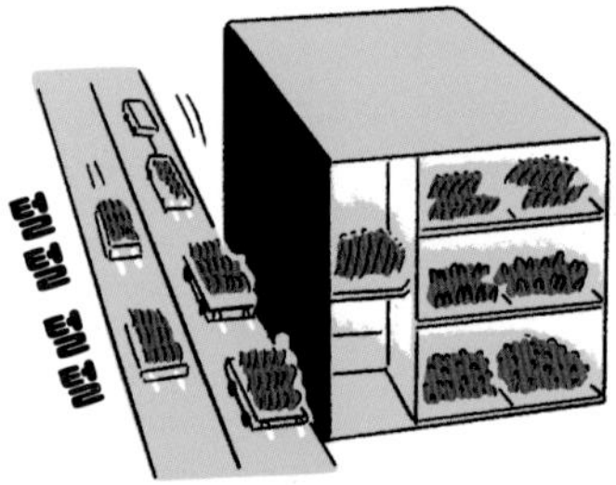
털털
털털

앞으로 많은 인간이 달이나 화성 등 행성에 오래 머무르는 것이 예상되면서 현지에서의 식량 자급자족은 중요한 과제가 되었습니다. 그러한 과제를 해결하기 위해 우주 식량 계획이 세워졌습니다. 일본의 다양한 기업이나 단체가 참가합니다. 달 표면에서 약 1,000명이 생활할 수 있는 식량을 담당하는 시스템을 검토 중입니다.

우주 패션

'버진 갤럭틱 × 언더아머 (UNDER ARMOUR)'

일반인이 우주여행을 많이 가게 되면 우주복 수요도 확대됩니다. 체온·발한 조절이 가능하며 무중력에서도 움직이기 쉬운 소재, 사진을 보관하는 투명한 안주머니, 여행자 이름과 국기 엠블럼 등 패션 감각과 여유로움을 갖춘 우주복이 인생 최대의 추억을 최대한으로 연출합니다.

별자리 운세 'Co-Star'

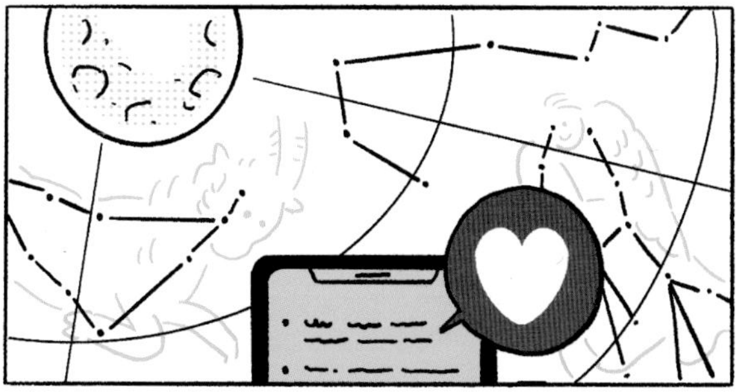

2,500년에 걸쳐 인류 예지를 집결한 별자리 운세를 NASA의 데이터와 연계합니다. 빅데이터와 AI 기술을 활용한 실시간 & 개인 맞춤형 궁극의 별자리 운세 애플리케이션입니다. 자신만의 '운명의 사람'과 만날 수 있는 날짜와 장소를 핀 포인트로 알려 주는 등 고도의 옵션 서비스도 있습니다. 현재는 영어 버전만 있습니다.

인공 유성 '스카이 캔버스(Sky Canvas)'

우주
에서
방출!

일본 ALE 회사가 설립했습니다. 실제 유성이 떨어지는 것처럼 인공적으로 재현하는 서비스입니다. 인공위성에서 유성을 방출하여 대기권에 진입시키면 유성과 같은 발광을 나타낼 수 있습니다. 이벤트, 축제, 엔터테인먼트 시설 등 지정된 장소·정해진 시간에 유성을 볼 수 있습니다.

인터넷 업계는 일부 테크(Tech) 업계 사람들에 의해 만들어졌지만, 다양한 업계·업종의 사람들이 함께하여 수많은 서비스와 비즈니스를 꽃피웠습니다. 우주 업계에서도 인터넷 업계와 같은 일이 시작되려 하고 있습니다.

칼럼

가르쳐 주세요! 우주의 일 3

신타니 미호코 **우주 변호사**

게이오기주쿠대학 법학부 법률학과 졸업 후 2006년 변호사로 등록(TMI 종합법률사무소 소속)했습니다. 전문 분야는 지적 재산권, IT·통신, 신규 사업 설립, 리스크 관리, 우주법·항공법입니다. 2013년 미국 컬럼비아대학교 로스쿨을 졸업했습니다. 우주 항공 산업에 다수 고객이 있으며 민간 기업 사이의 대형 분쟁, 우주 벤처 투자, 우주 비즈니스 거래를 포함한 실무를 다룹니다.

Q 우주 변호사는 어떤 일을 하나요?

A 우주 비즈니스와 관련된 기업 간의 이해관계 조정, 계약 정리, 분쟁 해결 등이 주된 업무입니다. 로켓·인공위성·수송·보험 등 다방면에 걸쳐 우주 비즈니스와 관련된 회사나 사람이 고객입니다.

Q 예를 들어 고객들은 무엇을 요구하나요?

A 인공위성을 우주로 투입한다고 생각해 볼까요? 인공위성이 완성되면 공장에서 발사 장소까지 운반하고 로켓에 실어 우주 공간으로 보냅니다. 그러나 안타깝게도 도중에 위성이 고장 나거나 로켓 발사에 실패하거나 궤도 투입 후 정상적으로 작동하지 않는 등 문제가 발생할 가능성도 꽤 있습니다. 지상에서 고장 나면 고쳐서 반환하면 되지만 우주에서 고장 나면 고칠 방법이 없습니다. 이것이 지상의 일반 비즈니스와 결정적으로 다른 점입니다. 발생할 수 있는 모든 경우를 미리 상정하여 위성 회사, 운송 회사, 로켓 회사 등 계획에 관련된 모든 기업과 계약을 맺어야 합니다. 또 각 회사는 실패에 대비하여 보험을 듭니다. 계약 범위에 따라 보험 내용과 비용이 다릅니다.

Q 그러면 우주 법에 따라 계약서를 작성하나요?

A 물론 우주에 관련된 조약이나 법률은 있지만, 우주 비즈니스에는 아직 국제 규약이나 법률이 갖추어지지 않은 영역이 많습니다. 규약이나 법률이 정비된 업계라면 혹여 계약서에 없는 일이 발생하더라도 법에 따라 해결할 수 있습니다. 하지만 우주 비즈니스는 아무것도 정해지지 않은 영역이 많아서 계약서에 써 두지 않으면 해결하기 어려운 문제도 많습니다. '발생 가능한 모든 경우'를 미리 상정하여 계약서를 작성합니다.

Q '발생 가능한 문제'를 어떻게 미리 상정하나요?

A 우선 각국의 법률, 국제법, 조약의 이해를 대전제로 하여 미국과 유럽에서 현재 이루어지고 있는 거래 내용이나 실무 포인트를 파악하는 것이 중요합니다. 왜냐하면 실제로 이루어지는 '실무' 자체가 우주 비즈니스 국제 표준이기 때문입니다. 저도 전부 실무

를 통해서 배우고 있습니다. 게다가 개별 안건의 특유한 문제는 매번 스스로 생각해야 합니다. 만약 안건의 검토가 불충분한 채로 계약이 성립되면 나중에 기업은 막대한 손해를 입을 가능성이 생기므로 중요한 포인트입니다.

Q 일을 하면서 힘들었던 점이나 좋았던 점을 알려 주세요.

A 우주 산업 분야는 규약이 정비되어 있지 않아서 힘들지만 동시에 흥미롭기도 합니다. 기존 산업은 지켜야 할 규약이 많이 있지만 우주 산업은 규약의 큰 틀만 지키면 민간 사이의 교섭에서 어떻게든 손을 쓸 수 있습니다. 한마디로 우주 산업은 아직 매우 자유로운 분야입니다. 계약서에 어떤 조항을 넣을지 말지 등의 자유도도 높고 상상력을 발휘해서 재미있는 아이디어를 계약서에 포함하는 것도 가능합니다. 즉 우주 비즈니스 계약서를 작성할 때는 창의성과 상상력이 요구됩니다. 실제로 고객 기업과 함께 다양한 전략을 짜고, 함께 해외 기업과 교섭합니다. 고객 기업과 함께 '일본 대표로서 세계 우주 비즈니스를 무대로 활약한다'라는 실감이 나서 매우 보람찹니다.

Q 마지막으로 독자분들에게 한마디 부탁합니다.

A 지금 우리는 인간의 활동 영역이 지구에서 우주로 확대되어 가는 시대에 서 있습니다. 이런 역사적인 시기에 비즈니스에도 열린 생각으로 미래를 개척해 나갑시다.

제 4 장

우주 비즈니스에는 어떤 플레이어들이 있나요?

대기업에서 신생 기업까지 잇따라 진출

최근에는 고도의 기술력이 필요한
로켓 제조·발사 분야에서도 스페이스X와 같은
신생 기업이 두각을 나타내고 있습니다.
일본에서도 기존 플레이어(legacy player)를 포함하여
독특한 벤처 기업이 차례차례 생기고 있습니다.
고도의 기술력을 갖춘 타업종 기업 또한
우주로의 진출이 기대됩니다.

4

24

우주 산업의 기존 플레이어(Legacy Space)

기존의 우주 비즈니스는 위성과 로켓이 주를 이룹니다. 경험이 풍부한 소수의 거대 기업이 오랫동안 담당했습니다.

세계에 있는 기존 플레이어

'우주 비즈니스'를 이해하는 데 빼놓을 수 없는 포인트는 '우주 비즈니스의 기본은 인공위성과 관련된 산업'이라는 점입니다. 군사·항공과 관련된 미국·유럽의 기업이 그 중심에 있습니다.

정밀한 기계니까 조심해서 옮겨 줘.
인공위성 (적하)

① 위성 & 로켓 제조+서비스

- **세계 최대 군수 기업**
  록히드 마틴(미국)

LOCKHEED MARTIN

- **항공기 제조 회사 양대 산맥 중 한 곳**
  보잉(미국)

BOEING

- **항공기 제조 회사 양대 산맥 중 한 곳**
  에어버스(유럽)

AIRBUS

② 로켓 발사 서비스만 가능

- **정상급 로켓 발사 전문 회사**
  아리안스페이스(유럽)

세계 각국의 통신·기상·항행 위성 등을 발사합니다. 로켓은 제조하지 않고 다른 회사에서 구입합니다.

arianespace arianeGROUP

일본에 있는 기존 플레이어

일본은 로켓 제조와 위성 제조를 다른 기업에서 합니다. 조선업을 기원으로 하는 중공업 회사나 종합 전기 기업 등이 있습니다.

● 로켓 제조
미쓰비시중공업/ 가와사키중공업/ IHI 에어로스페이스

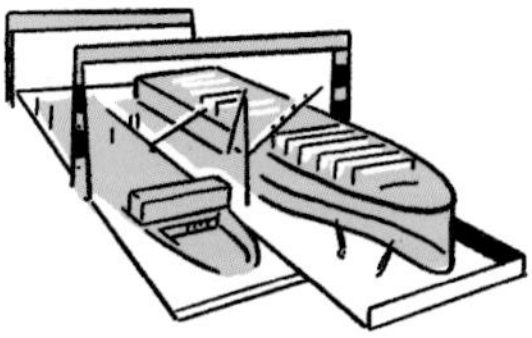

● 인공위성 제조
미쓰비시전기/ NEC

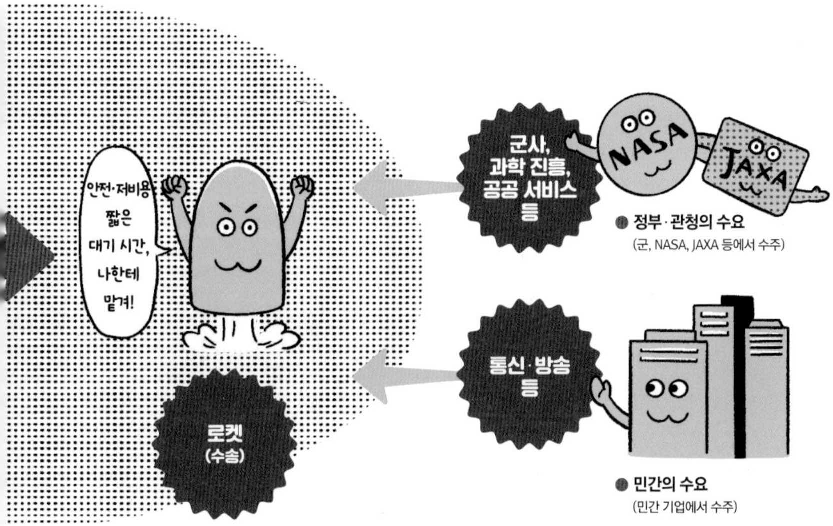

안전·저비용 짧은 대기 시간, 나한테 맡겨!
로켓 (수송)
군사, 과학 진흥, 공공 서비스 등
NASA
JAXA
● 정부·관청의 수요
(군, NASA, JAXA 등에서 수주)
통신·방송 등
● 민간의 수요
(민간 기업에서 수주)

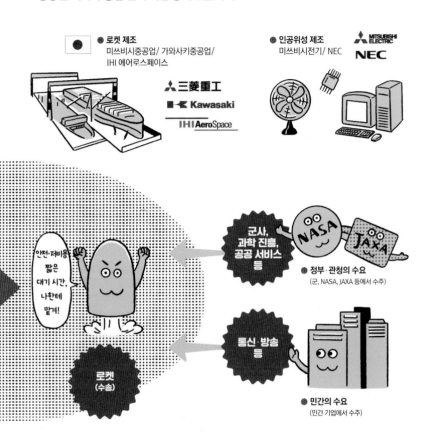

기존 플레이어는 지식이나 노하우가 오랜 기간 축적되어 있어서 앞으로도 우주 산업을 탄탄하게 지탱할 것입니다. 안정적으로 인재를 육성하고 배출한다는 점에서도 중요한 존재임이 확실합니다.

25

빠르게 확대되는 우주 벤처(New Space)

엄청난 돈이 유입되어 미국과 서양의 우주 벤처는 커다란 산업으로 확대되었습니다. 개성과 발상으로 독특한 위치를 차지하는 일본 벤처도 여기에 속합니다.

모든 IT 부호(富豪)의 목표는 우주

페이팔로 성공한 일론 머스크, 아마존으로 성공한 제프 베이조스 등 인터넷 시대의 억만장자들은 대부분 우주 비즈니스에 많은 투자를 하며 산업 발전을 이끌고 있습니다.

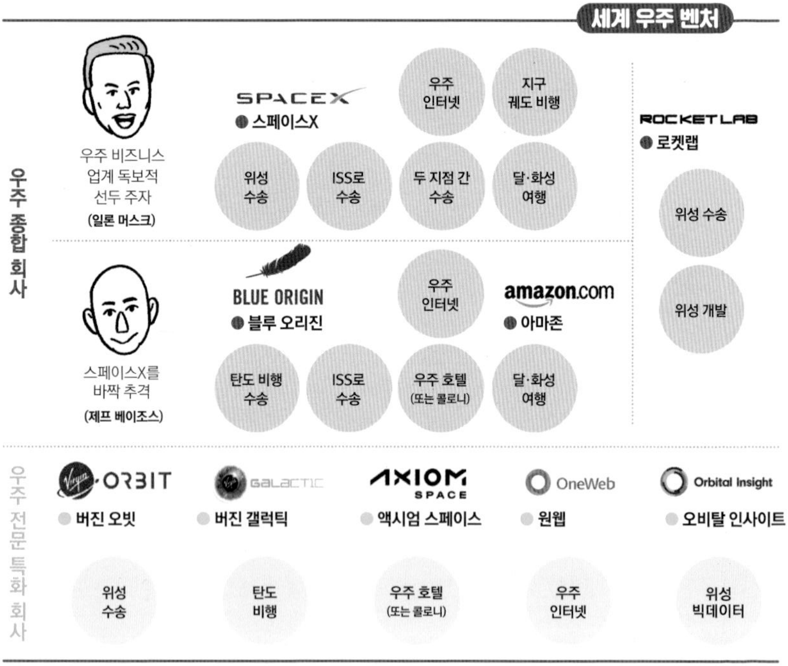

세계 우주 벤처
우주 종합 회사
SPACEX
스페이스X
우주 인터넷
지구 궤도 비행
위성 수송
ISS로 수송
두 지점 간 수송
달·화성 여행
우주 비즈니스 업계 독보적 선두 주자
(일론 머스크)
ROCKET LAB
로켓랩
위성 수송
위성 개발
BLUE ORIGIN
블루 오리진
우주 인터넷
amazon.com
아마존
탄도 비행 수송
ISS로 수송
우주 호텔 (또는 콜로니)
달·화성 여행
스페이스X를 바짝 추격
(제프 베이조스)
우주 전문 특화 회사
Virgin ORBIT
버진 오빗
위성 수송
GALACTIC
버진 갤럭틱
탄도 비행
AXIOM SPACE
액시엄 스페이스
우주 호텔 (또는 콜로니)
OneWeb
원웹
우주 인터넷
Orbital Insight
오비탈 인사이트
위성 빅데이터

규모는 작아도 개성 넘치는 일본 벤처

일본에는 미국이나 유럽처럼 대규모 우주 벤처는 없지만 독특한 특징이 있는 벤처가 있습니다. 우주 업계에서 독특한 위치로 자리 잡고 있습니다.

일본 우주 벤처

AXELSPACE

위성 빅데이터

● 악셀스페이스

지구 전체를 매일 데이터로 둘러싸는 서비스입니다. 초소형 위성의 설계 제조부터 발사, 운용까지 합니다.

Ridge-i

위성 빅데이터

● 리지아이

딥러닝을 비롯하여 AI를 조합한 화상이나 센서 데이터를 고도로 해석합니다.

Astroscale

우주 쓰레기 제거

● 아스트로스케일

우주 쓰레기 제거에 앞장섭니다. 세계 여러 조직과 연계합니다.

SpaceBD

우주 상사

● 스페이스 BD

위성 발사, 우주 공간에서의 실증·실험 등을 하는 고객을 전체적으로 지원합니다.

PD AEROSPACE

탄도 비행 / 위성 수송

● PD 에어로스페이스

일본에서 우주여행 출발, 우주 수송, 우주선 개발을 합니다.

인공 별똥별

● ALE

전용 위성을 사용하여 인공 별똥별을 만드는 엔터테인먼트 사업을 합니다.

INTERSTELLAR TECHNOLOGIES

위성 수송

● 인터스텔라 테크놀로지스

일본 홋카이도에 본사를 두고 세계에서 가장 저렴한 비용으로 소형 위성 발사 로켓을 개발합니다.

ispace

달 자원 개발

● 아이스페이스

구글 X 프라이즈 달 표면 탐사 레이스 하쿠토로 유명합니다. 초소형 로봇 시스템을 달 표면으로 보내 운용하며 데이터를 취득합니다.

SPACE WALKER

탄도 비행 / 위성 수송

● 스페이스 워커

탄도 비행용으로 날개가 있는 재사용 로켓(스페이스 플레인)을 설계하거나 개발합니다.

GITAI

우주 로봇 개발

● 기타이

우주용 작업 로봇을 연구, 개발, 제조합니다. ISS 선내에서의 로봇 범용 작업을 수행하는 기술 실증을 진행합니다.

이전에는 거대한 기존 기업이 석권하고 있던 우주 산업이었지만 2000년대부터 미국과 유럽에 있는 IT 부호들의 막대한 자본이 우주 벤처로 흘러 들어갔습니다. 현재 독보적 선두 주자 스페이스X가 우주 산업 전체를 이끌고 있지만, 앞으로 잇따라 독특한 벤처가 생겨나서 수많은 기업이 경쟁하는 시대가 찾아올 것입니다.

26

통신·방송 위성 비즈니스와 플레이어

선박·항공기, 재해 통신, 긴급 통화, BS·CS, 위성 방송 등 일상생활에 꼭 필요한 서비스를 제공합니다.

이미 다양한 상황에서 활용 중

위성은 전파 교신을 이용하여 통신이나 방송을 합니다. 우주를 거쳐서 전파를 교환하므로 지상의 통신이나 방송과 비교하여 압도적으로 넓은 영역을 지원할 수 있습니다.

인공위성을 이용한 '통신'

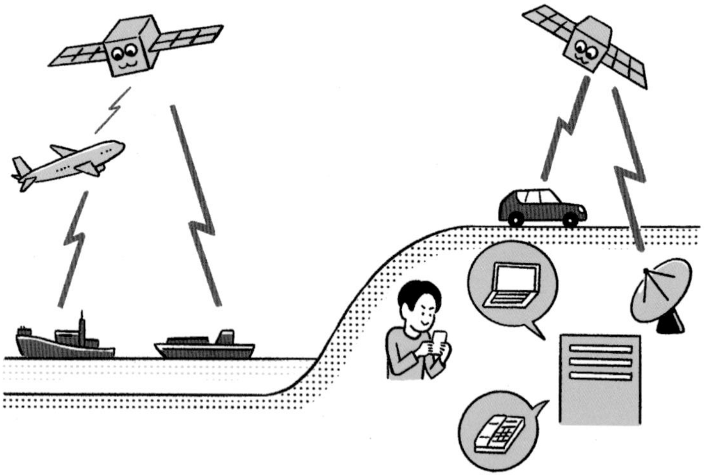

주로 선박이나 항공기와의 통신, 재해 통신에 이용됩니다. 민간 기업, 관공서, 지방자치단체가 활용하며, 국제기관 '인말새트(Inmarsat)'나 미국의 '이리디움(IRIDIUM)'이 위성 통신망을 관리합니다.

인공위성을 이용한 '방송'

일본 위성 방송은 크게 BS와 CS 구조로 되어 있으며 NHK, 지상파 민영 방송사 등이 사용합니다. 동경 110도의 정지 위성에서 일본으로 전파를 보냅니다. 스카이트리와 같은 전파탑을 사용하는 지상파와 다르게 정지 위성에서 일본 전체에 전파를 보낼 수 있습니다. NHK 월드처럼 해외에서도 방송할 때는 '인텔셋(Intelsat)'이라는 국제 통신 사업자가 개입합니다.

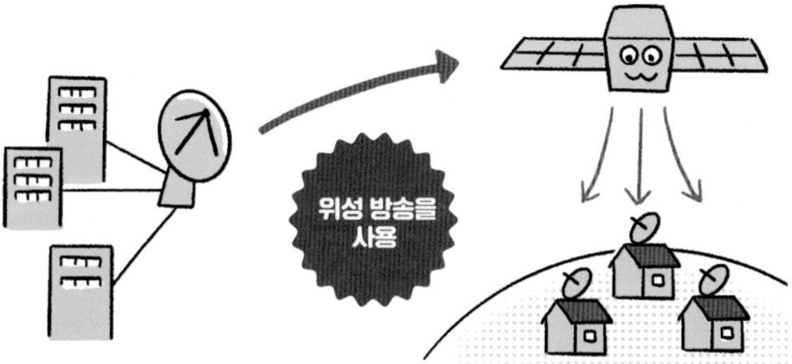
위성 방송을 사용
방송국에서
가정으로

NHK

- NHK BSP
- NHK BS1

무료 방송

- BS日テレ (BS닛폰)
- BS朝日 (BS아사히)
- BS-TBS (BS-TBS)
- BSテレ東 (BS TV 도쿄)
- BSフジ (BS후지)
- BS11 (닛폰BS방송)
- BS12 トゥエルビ (월드 하이비전 채널)
- 放送大学 ex (방송대학 ex)
- 放送大学 on (방송대학 on)

유료 방송 (BS·CS)

WOWOW, STAR, Movie Plus, 日本映画専門チャンネル, FOX, AXN, Super! drama TV, ANIMAX, MTV, Disney Channel, Discovery, HISTORY, animal planet

위성 덕분에 우리의 생활은 매우 편리해졌습니다. 이에 더해 최근에는 초소형 위성을 사용한 인터넷 서비스도 구축되고 있어 새로운 변화가 생길지도 모릅니다.

27

항행 위성 비즈니스와 플레이어

구글 지도나 내비게이션 등에 위치 정보를 제공합니다. 자율주행을 비롯하여 여러 분야에 응용 가능합니다.

GPS 의존에서 각국의 독자 위성 이용으로

항행 위성은 미국이 군사용으로 개발한 GPS로 유명합니다. 민간에도 개방되어 구글 지도, 내비게이션, 항공기, 선박에 위치를 제공하는 등 중요한 생활 인프라입니다. 예전 민간에 개방한 GPS는 정밀도가 떨어져서 최근 각국이 독자적으로 위성을 쏘아 올려 매년 정확한 위치 정보를 얻고 있습니다.

GPS 항행 위성의 원리

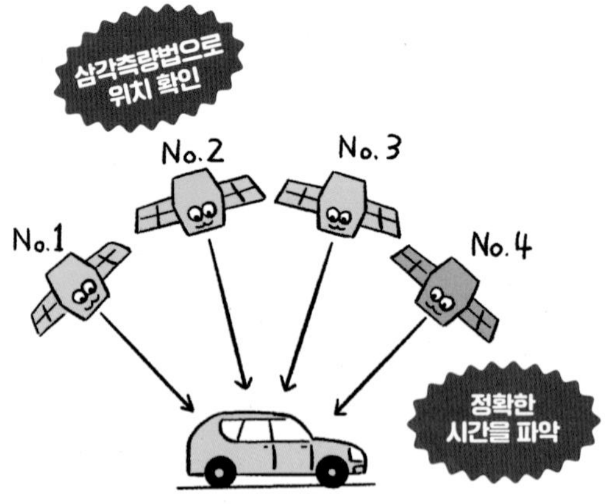

삼각측량법으로 위치 확인
No.1
No.2
No.3
No.4
정확한 시간을 파악

● 위성 3기+1기가 필요

미국
GPS
일본
준텐초
(QZSS)
러시아
글로나스
(GLONASS)
중국
베이더우(Beidou)
콤파스(COMPASS)
유럽연합
갈릴레오
(Galileo)
인도
나빅
(NavIC)

● 최근 각국이 독자적으로 위성을 발사

일본 준텐초 위성 1호 '미치비키'는 정부에서 운용하고 민간 여러 회사가 활용

일본도 독자적으로 위성을 쏘아 올려 2018년 11월부터 운용하고 있습니다. 지금까지 사용하던 GPS를 보완하여 더욱 안정적으로 정보를 얻을 수 있는 시스템입니다.

미치비키 발사와 운용

GPS 위성
QZSS 위성
good!

민간 회사가 비즈니스에 활용

아이나 노인의 위치 정보 파악
찾았다!
자율 주행
조심 조심
드론으로 정확한 위치에 배송
원하는 위치에!
딱 맞게
건설 기계의 정밀 조작 및 관리

상세하고 정확한 위치 정보가 있으면 그만큼 정밀한 기능이나 조작이 필요한 서비스가 가능합니다. 앞으로도 그러한 정보를 응용한 새로운 비즈니스가 생길 것입니다.

28

지구 관측 위성 비즈니스와 플레이어

기상, 재해, 농림 수산업, 자원 탐사 등 지상을 모니터합니다. 이제껏 생각하지 못했던 지식과 견문을 얻을 가능성이 큽니다.

알고 싶은 것을 한눈에 파악!

지구 관측 위성이란 이름 그대로 지구 상태를 관측하는 위성입니다. 원격탐사(Remote sensing)라고도 합니다. 카메라처럼 찰칵찰칵 사진을 찍는 '광학 관측'과 빛이 옅은 밤이나 구름이 많을 때도 여러 가지를 관측할 수 있는 '레이더 관측'이 있습니다.

위성이 지표를 촬영하는 방법은 주로 두 가지

● 광학 센서로 관측

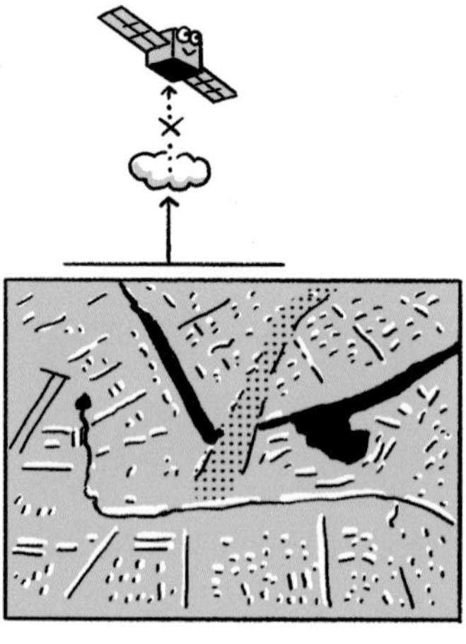

● 레이더로 관측

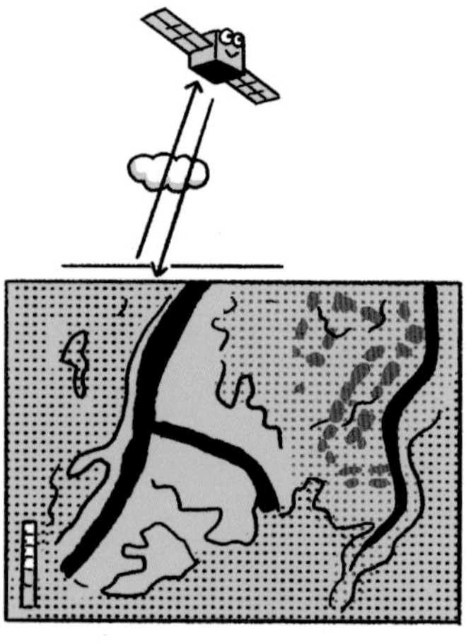

정부와 민간 모두 데이터의 활용 범위는 무한대

최근 특히 비즈니스에서 주목을 받는 분야는 새로운 유형의 관측 데이터입니다. 레이더, 적외선, 마이크로파 등으로 얻을 수 있는 화상 데이터는 재해 방지, 기상, 민간 서비스까지 다양한 분야에서 활용할 수 있습니다.

일반 재단법인 원격탐사 기술센터의 자료를 참고로 작성

정부 지자체 | 컨설팅 | 농업 어업 임업 | 식품 | 유통 외식 | 운수

금융 보험 | 건설 부동산 | 생활 공공 | 자원 에너지 | 광고 마케팅 | 엔터테인먼트

이처럼 관측 가능한 데이터의 종류는 매우 다양하며 앞으로도 늘어날 것입니다. 우주 빅데이터를 재빠르게 비즈니스에 도입하는 것은, 언뜻 보면 우주와 전혀 관계없는 업계도 포함하여 모든 업계에서 당연하게 여겨지고 있습니다.

29

최근 급성장한 위성 컨스텔레이션 비즈니스와 플레이어

'컨스텔레이션'은 별자리라는 뜻입니다. 통신과 원격탐사로 활용이 기대되는 고성능 위성 기술입니다.

전보다 뛰어난 서비스를 제공

최근 소형 위성을 대량으로 우주에 투입하여 방송, 통신, 관측을 하는 위성망(위성 컨스텔레이션) 개발이 진행되고 있습니다. 저·중궤도에 배치하여 통신 속도나 정밀도를 높이는 방법으로 각국의 우주 벤처가 참가하고 있습니다.

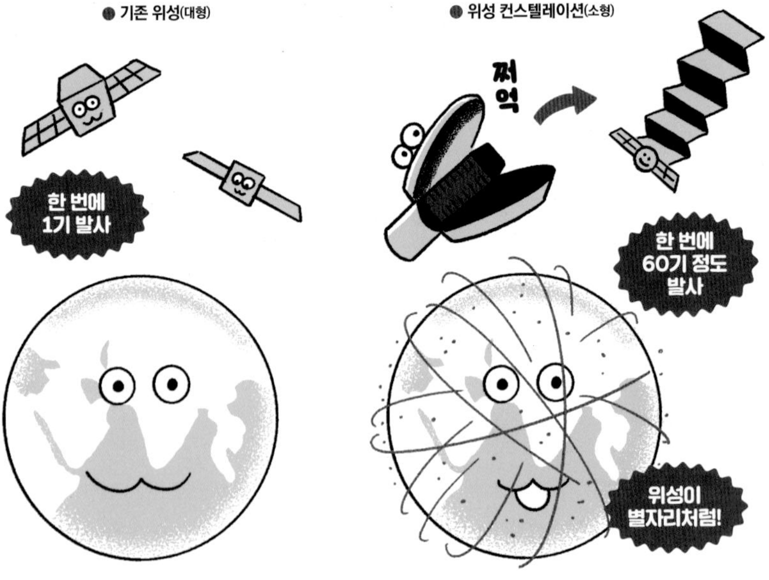
기존 위성(대형)
한 번에 1기 발사
위성 컨스텔레이션(소형)
쩌억
한 번에 60기 정도 발사
위성이 별자리처럼!

① 컨스텔레이션으로 '위성 인터넷'

일론 머스크, 제프 베이조스, 손정의, 인터넷 시대의 억만장자는 모두 이 분야에 거액을 투자하고 있습니다. 막대한 투자가 필요하고 진입 장벽이 높아 앞으로 전 세계에서 몇 안 되는 회사만이 살아남는 범지구적인 과점 산업이 될 가능성도 있습니다.

위성을 대량으로 쏘아 올려 정비

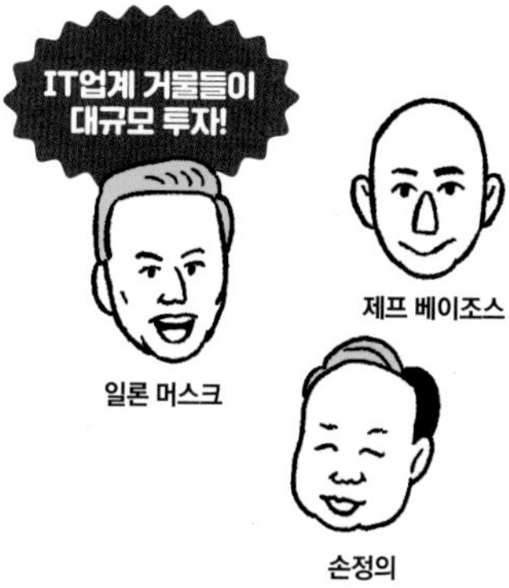
IT업계 거물들이
대규모 투자!
제프 베이조스
일론 머스크
손정의

SPACEX

● **스페이스X '스타링크 프로젝트(Starlink Project)'**
위성을 4만 기 이상 지구 저궤도에 배치

amazon.com

● **아마존 '프로젝트 카이퍼(Project Kuiper)'**
위성 3천 기 정도를 지구 저궤도에 배치

OneWeb + SoftBank

● **원웹(소프트뱅크 출자)**
위성 7천 기를 지구 저궤도에 배치

② 컨스텔레이션으로 '우주 빅데이터'

최근에는 통신뿐 아니라 지구 관측 위성(원격탐사)에서도 컨스텔레이션 방식을 이용합니다. 지상을 포함한 모든 데이터를 융합하며 AI로 원스톱 해석이 가능합니다.

위성의 제조·운용

planet.

● **플래닛 랩스**
위성 150기로 구성하는 컨스텔레이션

AXELSPACE

● **악셀스페이스**
현재 5기 체제로 컨스텔레이션

위성 데이터 해석

Orbital Insight

● **오비탈 인사이트**
여러 위성 데이터의 AI·빅데이터 해석

Synspective

● **신스펙티브**
위성 데이터를 이용한 문제 해결 서비스

과거 대형 컴퓨터보다 현재 스마트폰의 성능이 뛰어나듯 위성도 시대에 발맞춰 소형화·고성능화되고 있습니다.

30

로켓&스페이스 플레인의 진화와 일취월장

우주왕복선이 은퇴하여 ISS 수송은 러시아의 소유스만 남았습니다. 그러한 가운데 미국의 민간 기업이 로켓 제조에 나섰습니다.

민간도 잇따라 참가하여 로켓 개발 열기 고조

우주 산업·개발의 기본은 역시 로켓입니다. 미국에서는 ISS 수송용 로켓이 오랫동안 제작되지 않았지만, 스페이스X가 민간 회사로서 수주하여 훌륭하게 성공했습니다. 이를 계기로 민간 회사의 로켓 개발이 점점 활발해질 듯합니다.

로켓의 기본 구조

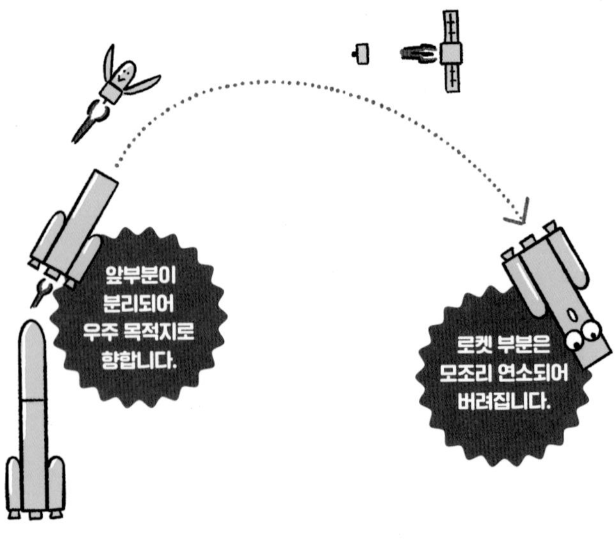
앞부분이
분리되어
우주 목적지로
향합니다.
로켓 부분은
모조리 연소되어
버려집니다.

새로운 형태와 구조가 연달아 등장

우주 수송 기체는 용도에 따라 형태나 구조가 다양합니다. 부스터가 자동으로 지상으로 돌아오는 로켓, 비행기 같은 본체에서 발사되는 스페이스 플레인(space plane, 스페이스 셔틀의 문제점들을 해결하기 위하여 개발이 추진되고 있는 우주왕복선-역자 주) 등, 지금까지 없었던 새로운 이륙이나 착륙 스타일이 계속 생겨나고 있습니다.

① 기체 일부를 재사용 '팰컨9'(스페이스X)

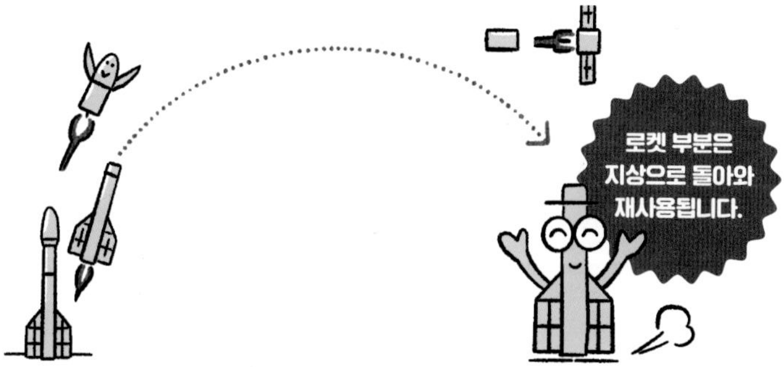
로켓 부분은
지상으로 돌아와
재사용됩니다.

② 준궤도 전용 '스페이스십 투'(버진 갤럭틱)

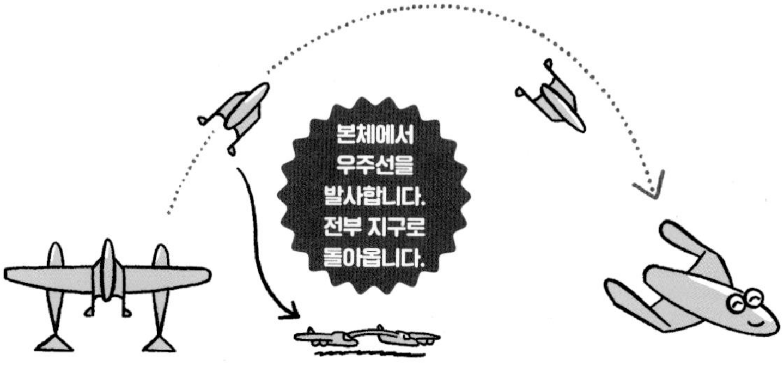
본체에서
우주선을
발사합니다.
전부 지구로
돌아옵니다.

현재는 정부 우주 개발 기관의 화물이나 사람을 보내는 요구가 대부분이지만 앞으로 다양한 민간 기업의 요구도 발생할 것입니다. 가벼운 물건을 저비용으로 대량 쏘아 올리는 등, 용도에 따라 다양한 기체나 서비스를 생각할 수 있습니다.

31

로켓 산업의 플레이어

로켓 & 스페이스 플레인. 앞으로는 민간 기업의 참여로 전통적 거대 기업에서 신생 벤처 기업까지 수많은 기업이 세력을 다투는 시대가 찾아옵니다.

우주 산업 활성화로 공급이 부족

지금까지 본 것처럼 인공위성 발사를 비롯하여 물건이나 사람을 우주로 올려 보내는 요구는 해마다 증가합니다. 그에 따라 자연스럽게 로켓이나 스페이스 플레인의 수요가 급증해 많은 회사가 격전을 벌이는 개발 경쟁으로 돌입합니다.

사람 수송

2011년 우주왕복선이 은퇴했습니다. 오랫동안 러시아의 소유스로 사람을 수송했는데, 2020년 스페이스X의 팰컨9이 우주선 드래곤으로 우주 비행사를 ISS로 보내면서, 미국은 다시 우주로 사람을 보내는 수단을 획득했습니다.

인공위성 수송

상업 위성 발사 서비스는 유럽의 아리안스페이스가 정상급입니다. 남미 적도 부근 프랑스령 기아나에서 위성을 발사합니다. 신뢰도가 높으며 고객에게 친절하고 정성을 다하는 것이 인기의 비결입니다.

초우량 로켓 '소유스'
민간 최초 유인 우주 비행 '팰컨9'
정상급 로켓 발사 전문 회사
UAE 화성 탐사 위성도 수송 'H-IIA 로켓'
2021년 12월 일본 마에자와 탑승
2021년 9월 4명도 무사히 성공!

● 러시아 정부

● 스페이스X

● 아리안스페이스

● 미쓰비시중공업

소형 위성 수송

지금까지 소형 위성은 대형 위성을 발사할 때 '합승'하는 형태로 발사되었습니다. 발사를 대형 위성의 타이밍에 맞추어야 해서 비효율적이었습니다. 앞으로는 소형·초소형 위성 발사 서비스 사업이 세계적으로 활발해집니다!

공항 활주로에서 수평 이륙

미국 기업이 뉴질랜드에서 발사

일본 오이타
공항에서도
취항 예정!

● 버진 오빗

Virgin ORBIT

● 로켓랩

ROCKET LAB

두 지점 간 고속 비행

뉴욕에서 도쿄까지 40분 만에 고속으로 이동합니다. 퍼스트 클래스와 비즈니스 클래스는 우주를 거치는 것이 당연한 시대가 올지도 모릅니다.

달 궤도 여행

달 궤도를 도는 민간 여행 서비스입니다. 미국이 주도하는 '아르테미스 계획'에서는 달에 착륙하여 기지를 건설합니다. 최종적으로는 화성에도 갈 예정입니다.

꿈의 초대형 우주선 '스타십'

2023년
마에자와가
탑승 예정!

● 스페이스X

SPACEX

탄도 비행 여행

고도 100킬로미터의 우주 공간을 잠시 즐기고 돌아오는 초단시간 우주여행 서비스입니다. 10분에서 수십 분 정도로 여행이라기보다 어트랙션에 가까운 이미지입니다. 2021년 7월 양사 창업주가 탑승하였고 무사히 성공했습니다!

공항 활주로에서 수평 이륙 '스페이스십 투'

● 버진 갤럭틱

Virgin GALACTIC

10분 정도 궁극의 여행 '뉴셰퍼드'

● 블루 오리진

BLUE ORIGIN

앞으로도 목적지, 여행 과정, 페이로드 등 다양한 유형의 로켓 & 스페이스 플레인이 개발될 것입니다. 새로운 기업의 참가도 늘어날 것으로 기대됩니다.

32

EV, 자율주행, IoT, AI 등 산업 전환에 우주를 이용합니다

앞으로 비즈니스는 기술 '개발'뿐만 아니라 기술 '활용'도 중요합니다. 우주 산업은 일본 산업이 크게 바뀔 기회입니다.

현재 기술의 전용 방향

경쟁이 치열한 최첨단 기술 분야에서는 '기술 개발'뿐만 아니라 '기술 활용'이 중요한 열쇠입니다. 우주 기술이 지상에서 많이 활용되고 있지만, 앞으로는 지상의 산업을 우주 산업에 활용하는 기회도 늘어날 것입니다.

① '지상에서 우주로' 일본의 기술을 도입!

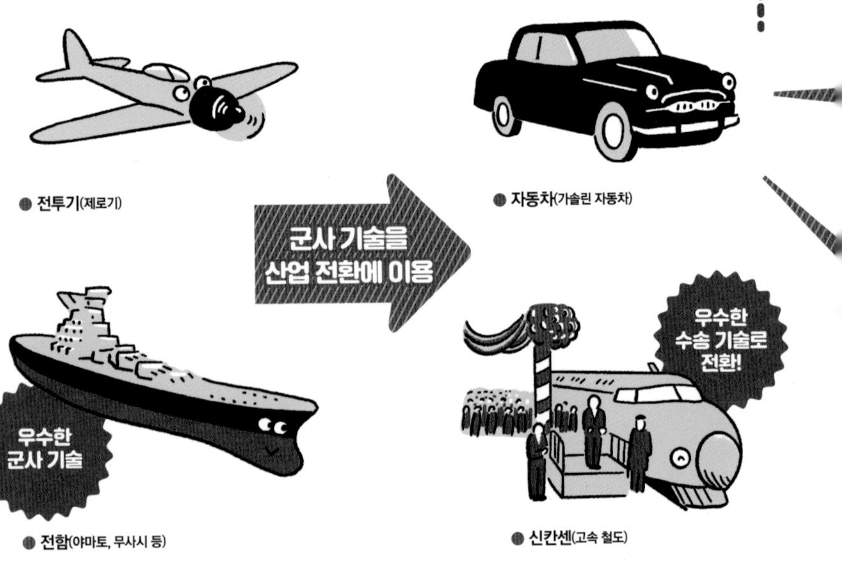
전투기(제로기)
자동차(가솔린 자동차)
군사 기술을
산업 전환에 이용
우수한
군사 기술
우수한
수송 기술로
전환!
전함(야마토, 무사시 등)
신칸센(고속 철도)

② '우주에서 지상으로' 차근차근 생활 속으로 보급!

우주 기술을 민간 기술에 재활용

- 금융공학
- 저반발·충격 흡수 소재
- 동결 건조 식품
- 소방 설비
- CMOS 이미지 센서
- 내화성 스크린, 소방 담요
- 자동차용 에어백
- 건축 면진용 적층 고무
- 실내 흡음재

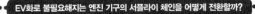

EV화로 불필요해지는 엔진 기구의 서플라이 체인을 어떻게 전환할까?

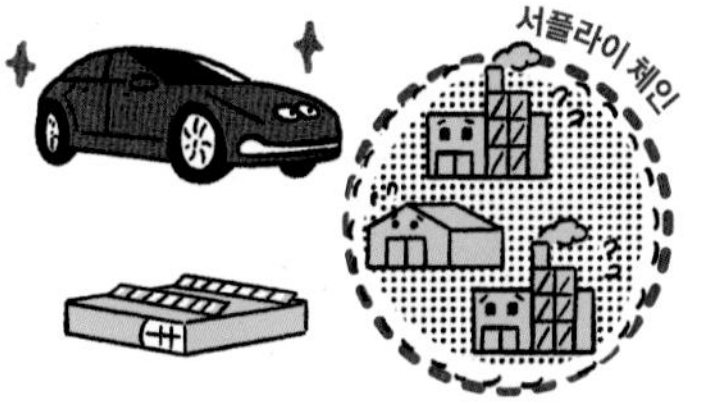
서플라이 체인

● **가솔린 자동차에서 EV차로**(전기 자동차)

EV와 자동차 운전은 지상에서도 우주에서도 필수 기술!

일본의 기술을 활용합니다!

우주에서의 다양한 요구

와아~!!

● **수소를 활용하는 FCV차도 등장**(연료 전지 자동차)

일본은 수소 활용에 힘을 기울이고 있습니다. 최근 자동차 산업에서 쌓은 경험과 기술은 중공업, 비행기, 재생 에너지 운반 등 다양하게 응용 가능합니다.

수소는 우주 핵심 에너지 산업으로!!

달 표면에서 수소를 채취하여 FCV로 움직입니다!

칼럼

가르쳐 주세요! 우주의 일 4

다카타 신이치 **우주 사업 제작자**

JAXA 신사업 촉진부 고문 위원이며 J-SPARC 제작자입니다. 항공우주 공학 석사 학위 취득 후 JAXA에 입사했습니다. 로켓 엔진을 개발하며 우주선 '황새'의 개발과 운용에 참여했습니다. 미국 휴스턴에서 국제우주정거장 및 미래 탐사 프로그램 조정을 담당했습니다. 현재는 민간과의 공동창조 활동을 통해 미래 우주여행을 겨냥한 신사업 창출, 새로운 경제권 창조를 목표로 합니다.

Q 우주 사업 제작자는 무슨 일을 하나요?

A 우주 기술 혁신 파트너십(J-SPARC)이라는 연구 개발 프로그램을 통해 정부와 민간이 공동으로 새로운 기술과 우주 사업을 창조합니다. 지금까지 우주 사업은 미국도 일본도 국가를 주체로 추진했습니다. 그러나 최근 역할에 변화가 일어나서 미개척 우주는 국가를 주체로, 개척된 우주는 민간 기업을 주체로 추진하는 흐름입니다. JAXA는 자체적으로 연구 개발을 하고 있으며 JAXA의 기술이나 노하우를 활용하여 민간 기업이 직접 우주 관련 사업을 창출하도록 돕고 있습니다.

Q 예를 들어 고객들은 무엇을 요구하나요?

A 예를 들면 국제우주정거장(ISS)을 민간 기업이 활용할 수 있도록 합니다. 지금까지 ISS는 우주비행사만 머무르며 연구자가 주로 실험을 하는 곳이었습니다. 앞으로는 민간 기업이나 개인에게 문호를 개방할 수 있도록 다양한 제휴를 통해 사업 확대를 꾀하고 있습니다.

Q 어떤 사업이 있는지 조금 더 자세히 알려 주실 수 있나요?

A 민간 기업의 우주 로봇 사업화 제휴도 그 가운데 하나입니다. 우주비행사의 선내 작업을 자동 로봇이 대신하면 훨씬 효율적이며 우주비행사의 위험한 선외 활동도 적어집니다. 이를 실현하기 위해 일본의 우주 로봇 신생 기업이 작업용 로봇을 개발하고 있습니다. NASA의 높은 안전 기준을 뛰어넘어 만들어 낸 로봇 기술은 앞으로 다양한 분야에 도움이 될 것입니다.

일본의 디지털 크리에이티브 기업도 우주와 지상을 쌍방향으로 연결하는 세계 유일의 'KIBO 우주방송국' 아이디어를 제안하여 사업화하고 있습니다. ISS에 머무르는 일본인 우주비행사가 출연하여 ISS에서 보는 새해 첫날 해돋이를 지구에 중계하거나 지구의 시청자 영상 메시지를 ISS에 중계하는 등 우주와 지구의 쌍방향 엔터테인먼트를 만듭니다.

여러 민간 기업과 '우주비행사 훈련 방법을 활용한 차세대형 교육 사업'의 제휴도 실현되었습니다. 우주비행사에게는 '외국 문화 이해', '상황 인식·의사 결정·문제 해결', '팀워크와 집단행동' 등 매우 폭넓고 바람직한 자세와 마음가짐이 요구됩니다. 급격하고 예측

불가능하게 변화하는 현대에 스스로 가능성을 발휘하고 더 나은 사회의 창조자가 되는 인재 배출에 공헌하는 것입니다. 이러한 우주 비행사의 훈련 노하우를 전국 학교에서 활용하는 프로그램을 추진합니다.

Q 어떤 과정을 거쳐 지금의 일을 하게 된 건가요?

A 원래 저는 우주기 개발 엔지니어로서 우주정거장으로 보내는 무인 물자 보급기 '황새'의 연구 개발, 운용 관제 등을 담당했습니다. 2014년부터 2017년까지 미국 휴스턴(NASA 존슨 우주센터)에 머무를 때 ISS와 관련된 여러 나라와 국제 조정을 하면서 미국 우주 분야의 다양한 민관 제휴 사업을 직접 보았습니다. 미국에서는 민간 자금과 기술로 우주 비즈니스·우주 벤처가 잇따라 세워져 서로 경쟁하며 우주 산업을 북돋웠습니다. 게다가 NASA와도 관련이 있어서 'NASA의 기술이나 노하우'와 '민간 기업의 아이디어나 속도감'이 잘 맞물려 시너지를 발휘하기 위한 노하우가 상당히 많이 존재한다는 것을 알았습니다. 그러한 노하우는 '계약 방법', '예산 책정', '기술 개발 적용법', '아이디어 모으기', '실패를 허용하는 문화와 규칙' 등 나열하자면 끝이 없을 정도로 많습니다. 그때 저는 미국의 대단함을 느낀 것과 동시에 일본 상황의 위기를 깨달았습니다. 일본 우주 산업에서도 민관의 공동 가치 창조를 실현하기 위해 JAXA에서 신사업 창출에 힘쓰고 있습니다.

Q 일을 하면서 힘들었던 점이나 좋았던 점을 알려 주세요.

A 이 일은 지금까지 세상에 존재하지 않았던 새로운 것을 연속하여 만들어 냅니다. 물론 고생도 크지만 그 이상으로 설레기도 합니다. 같은 조직이나 회사에서 진행하는 것이 아니라 장르도 전문성도 전혀 다른 사람들과 여러 가지 아이디어나 기술을 공유하고 창조하여 실현하는 과정에 커다란 보람을 느낍니다. 게다가 우주 산업은 궁극의 개척 정신이 필요하며 정해진 답이 없습니다. 스스로 답을 탐색하여 실현하는 것이 이 일의 묘미라고 생각합니다.

Q 앞으로의 전망과 독자분들에게 한마디 부탁합니다!

A 여러분이 눈치채지 못하는 사이 우주 기술은 일상의 다양한 곳에서 활용되고 있습니다. 앞으로는 우주와 무관한 사람의 시점이나 아이디어가 더욱 필요합니다. 부디 다양한 아이디어를 내주세요. 자연스럽게 '우주도 함께 생각하는 시대'를 향하여 새로운 세계를 함께 개척합시다!!

제 5 장

본격적으로 가동하는 우주여행 비즈니스!

코로나 이후의 관광업

뉴욕, 파리, 런던, 리우데자네이루, 세계 어디든
50분 내로 갈 수 있다면?
탄도 비행에서 달 궤도까지 우주여행도 원하는 대로!
앞으로 10년 사이에 여행의 형태는 크게 바뀔 것입니다.

5

33

2020년대~2030년대

부유층의 해외여행은 항공기에서 우주선으로

"어? 아직도 대기권을 못 빠져나간 거야? 좀 느리네?"
두 지점 간 고속 수송으로 여행이나 출장 거리감이 크게 달라집니다.

세계 어디든 3시간 내로 이동 가능

우주 공간을 거쳐서 지구상의 두 지점을 단시간에 연결하는 두 지점 간 고속 수송으로 세계 어디든 2~3시간(수직 거리는 약 30~50분) 만에 이동하게 되면, 여행이나 출장 거리 감각, 시간 감각은 지금과 완전히 달라질 것입니다.

2040년대 모녀의 대화

엄마는 신혼여행 갈 때 10시간 동안 비행기를 타고 로스앤젤레스에 갔어.
정말요? 10시간은 말도 안 돼요!
지금은 우주선으로 30분이잖아요.
증조할아버지가 '배로 10일 넘게 걸렸다'고 말한 것도 충격적이었는데, 엄마가 '비행기로 10시간 걸렸다는 것'도 너무 놀라워요.

초고속 여행이나 출장이 당연한 시대로

이동 수단의 고속화가 시작되면, 먼저 퍼스트 클래스나 비즈니스 클래스의 여행이나 출장으로 이용이 진행됩니다. 업계 규모가 커지면 생산성이나 효율이 올라서 서서히 가격이 내려가기 때문에 최종적으로 많은 장거리 해외 이동이 우주를 거쳐 가는 시대가 찾아올 것입니다.

두 지점 간 고속 수송은 두 가지 패턴

'초음속'이면 일반 비행기 시간의 절반!
'극초음속'이면 세계 어디라도 2~3시간!
세계 어디라도 30~50분!

● 초음속 여객기
JAXA, 보잉 등

수평 이륙형 여객기로 활주로가 있는 일반 공항(우주항)에서 출발합니다. 비즈니스 제트기에서 여객기까지 종류는 다양합니다.

● 대형 우주선
스페이스X

달이나 화성에 100명 정도를 보낼 수 있는 대형 우주선 '스타십'으로 해상 우주 공항에서 수직 발사합니다.

● 이동 시간이 크게 단축

	항공기	우주선
한국 → 싱가포르	6시간 15분	28분
런던 → 뉴욕	7시간 55분	29분
뉴욕 → 파리	7시간 20분	30분
시드니 → 싱가포르	8시간 20분	31분
로스앤젤레스 → 런던	10시간 30분	32분
런던 → 홍콩	11시간 50분	34분

스페이스X의 자료를 참고로 작성

우주선이라면 해외 출장도 당일치기로 편하게!

앞으로 우주를 거쳐 가는 장거리 고속 이동이 당연해지면 대기권 내의 공중 수송은 국내 근거리 이동과 물류가 중심이 될지도 모릅니다. 어느 쪽이든 미래에는 다양한 변화가 일어날 것입니다.

34

2021년~

우주여행 패키지 '준궤도 비행(탄도 비행)'

초고속 여행으로 우주를 몇 분 동안 체험합니다. 남녀노소 즐길 수 있는 우주 체험형 '초고사양 놀이 기구'입니다.

부담 없이 즐기는 우주여행!

우주에 가고 싶지만 수개월 훈련을 받는 것은 귀찮다거나 500억 원은 너무 비싸서 도저히 낼 수 없는 사람에게 딱 맞는 비행이 준궤도 비행(탄도 비행)입니다. 단번에 고도를 높여 우주로 진입한 후 몇 분간 우주를 체험하는 비행입니다.

2021년 7월, 두 회사의 창업자가 9일 간격을 두고 체험!

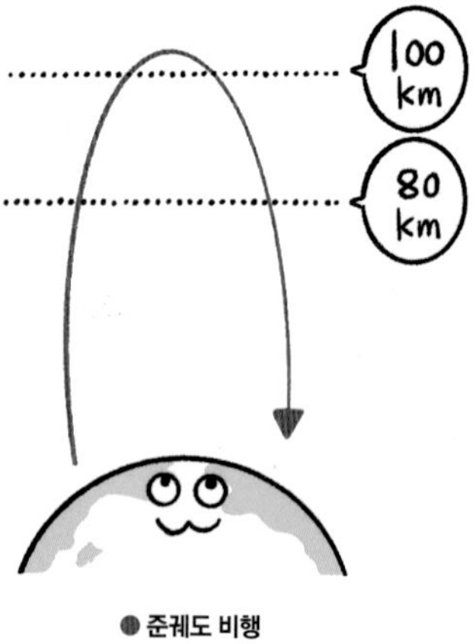

100 km
80 km

● 준궤도 비행

● 7월 11일

버진 갤럭틱의 리처드 브랜슨을 포함하여 6명

● 7월 20일

블루 오리진의 제프 베이조스를 포함하여 4명

버진 갤럭틱(리처드 브랜슨)

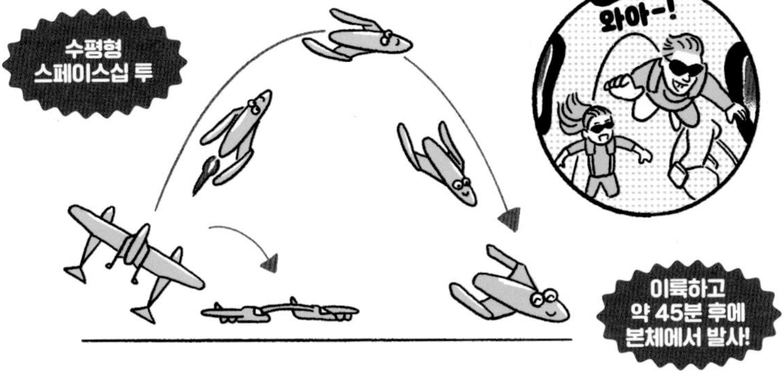
수평형
스페이스십 투
와아-!
이륙하고
약 45분 후에
본체에서 발사!

우주선을 실은 본체가 활주로에서 수평으로 이륙하여 고도 15킬로미터가 되면 우주선이 분리되며 단번에 우주 공간으로 날아가서 무중력을 체험합니다. 우주선은 다시 활주로에 수평 착륙합니다.

블루 오리진(제프 베이조스)

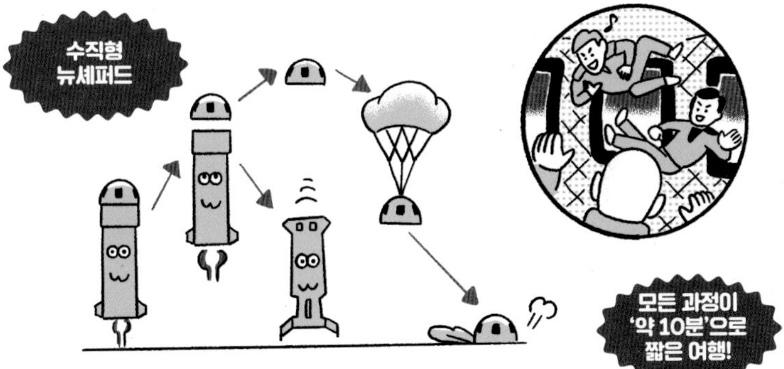
수직형
뉴셰퍼드
모든 과정이
'약 10분'으로
짧은 여행!

완전한 자동 운전 로켓으로 단번에 우주에 도달하여 무중력을 체험합니다. 사람을 태운 캡슐 부분은 낙하산으로 착륙합니다.

티켓은 3억에서 5억 원! '헉! 너무 비싸!'라고 생각하는 여러분, 세계에는 이 티켓을 사려는 사람이 너무 많아서 판매를 시작하자마자 매진되었습니다. 물론 멀리 내다보면 가격은 점차 내려갈 것입니다.

35

2022년 이후

우주여행 패키지 '우주 호텔 체류 여행'

절경을 즐기고 무중력을 체험하며 중력이 약한 어트랙션을 만끽합니다.
우주 호텔에서 최고로 멋진 여행을 즐깁니다!

ISS를 활용한 상업용 우주 호텔

현재 액시엄 스페이스에서 국제우주정거장(ISS)을 호텔로 이용하는 방안을 추진하고 있습니다. 지금 ISS는 우주비행사가 일하며 실험하는 곳이어서 호텔 모듈을 도킹할 예정입니다. ISS가 은퇴하면 ISS에서 분리하여 단독 우주 호텔로 독립할 계획입니다.

액시엄 스페이스의 우주 호텔 계획(2022년~)

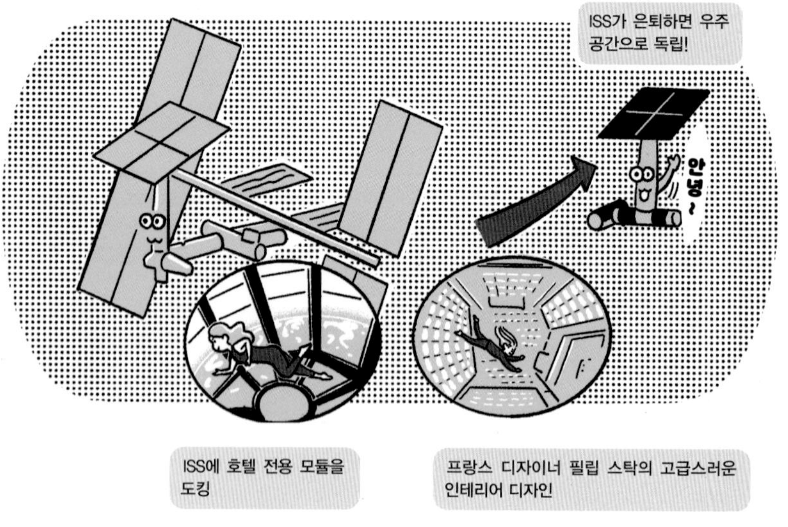
ISS가 은퇴하면 우주 공간으로 독립!
안녕~
ISS에 호텔 전용 모듈을 도킹
프랑스 디자이너 필립 스탁의 고급스러운 인테리어 디자인

즐겁고 로맨틱한 궁극의 우주정거장!

게이트웨이 재단이 계획하는 보이저 스테이션(Voyager Station)은 인류의 꿈을 담은 궁극의 우주정거장입니다. 본체가 회전하면서 원심력을 발생시키므로 내부에 중력이 발생합니다. 그러나 지구보다는 중력이 약해서 몸무게가 가벼워집니다. 이러한 특성을 살린 스포츠, 어트랙션, 호텔을 즐길 수 있습니다.

게이트웨이 재단의 보이저 스테이션 계획(2027년~)

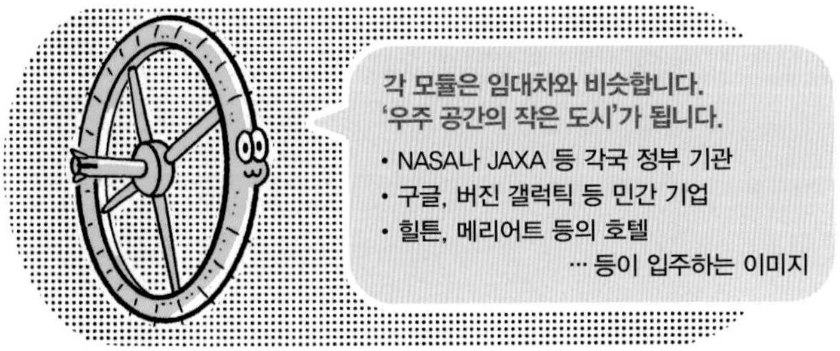
각 모듈은 임대차와 비슷합니다.
'우주 공간의 작은 도시'가 됩니다.
• NASA나 JAXA 등 각국 정부 기관
• 구글, 버진 갤럭틱 등 민간 기업
• 힐튼, 메리어트 등의 호텔
… 등이 입주하는 이미지

약한 중력을 이용하여 엔터테인먼트에 활용!

● 뮤지컬이나 디스코 등 엔터테인먼트

● 농구 코트 등 스포츠 시설

● 환상적인 무중력 데이트

앞으로 지구에서 가까운 우주 공간에 새로운 정거장이 생길지도 모릅니다. ISS에 도킹하는 견실한 계획에서 정거장을 통째로 만들어 내는 장대한 계획까지, 형태도 규모도 다양해질 것입니다.

36

2023년 예정

우주여행 패키지 '달 궤도 여행'

선두 타자는 일본 최대 온라인 쇼핑몰 조조타운의 설립자 마에자와 유사쿠로 예정되었습니다. 5일 동안 달을 도는 본격적인 우주여행을 떠납니다.

드디어 상업 여행의 실현!

인류의 달 표면 착륙이 실현되고 나서 약 50년이 흘렀습니다. 드디어 상업용 달 궤도 여행이 시작됩니다. 스페이스X가 계획한 달 궤도 여행의 정원 9명 모든 좌석을 일본의 마에자와 유사쿠가 '일괄 구매'했습니다. 티켓값은 공표되지 않았지만 7~8천억 원 정도로 알려졌습니다.

와아~!

● 일론 머스크와 마에자와 유사쿠

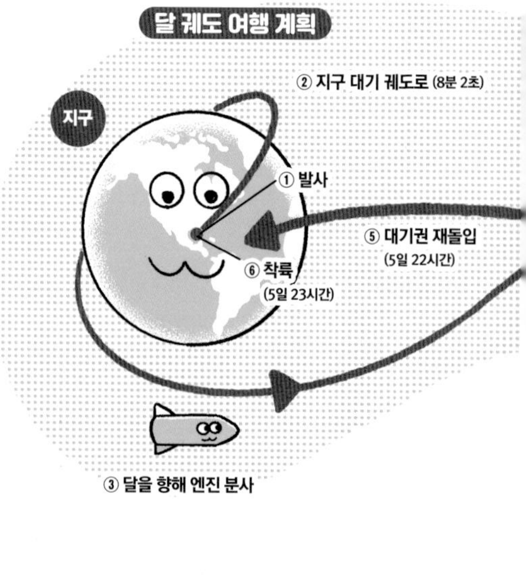

달 궤도 여행 계획
② 지구 대기 궤도로 (8분 2초)
지구
① 발사
⑤ 대기권 재돌입
(5일 22시간)
⑥ 착륙
(5일 23시간)
③ 달을 향해 엔진 분사

동행할 8명을 세계에서 공모!

마에자와 유사쿠가 '일괄 구매'한 달 궤도 여행의 동료는 전 세계에서 응모를 받아 결정하기로 했습니다. '디어 문(dear Moon)'이라고 이름 붙인 이 프로젝트에 전 세계 249개 국가와 지역에서 약 100만 명이 응모했습니다(2021년 7월 기준).

유튜브에
과정 공개!!
후보자는 이런 사람들

다재다능한 발레 무용수(옥스퍼드 물리학 박사)/ 사진가(퓰리처상 2회 수상)/ 올림픽 스노보드 금메달리스트/ 아티스틱 스포츠 선수/ 화가/ 천체 사진가/ 세계 정상급 DJ(스티브 아오키)/ 유럽 의회 LGBTQ 친선 대사/ 영화 제작자/ (카니예 웨스트, 마돈나의) 안무가 등

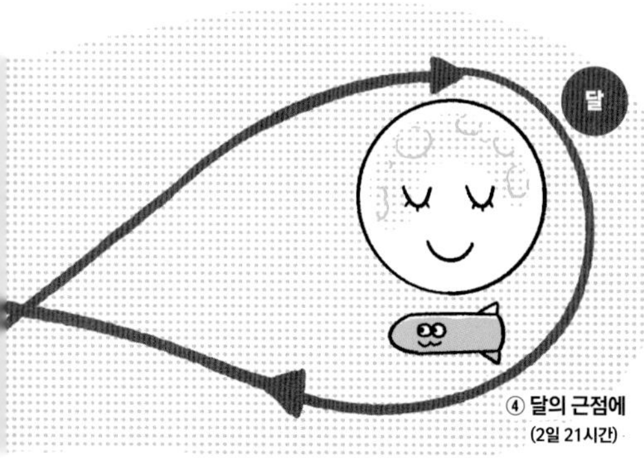
달
④ 달의 근점에
(2일 21시간)

'해돋이'가 아니라 '지구돋이'를 볼 수 있습니다!!

달 궤도 여행에서 영감을 얻은 영화, 음악, 사진, 설치 미술은 인류 역사에 남을 최고 예술로서 티켓값 7~8천억 원 이상의 경제 가치를 지닐 가능성도 있습니다. 희소한 우주여행은 개인 여행 체험 이상으로 다양한 가치를 만들어 낼지도 모릅니다.

37

2050년 이후

우주 엘리베이터가 생기면 이동이 편해집니다!

우주 엘리베이터가 실현된다면 지구와 우주의 왕복이 엄청나게 간단해집니다.
인공위성도 우주선도 우주 엘리베이터에서 투입 가능합니다.

안전하고 간단하며 저렴한 비용으로 지구와 우주를 왕복

지구 중력을 거스르고 우주로 나가기 위해서는 엄청난 에너지가 필요합니다. 실제로 로켓 대부분은 연료로 채워져 있습니다. 그리하여 지구와 우주를 엘리베이터 수송으로 연결하는 우주 엘리베이터 구상이 있습니다.

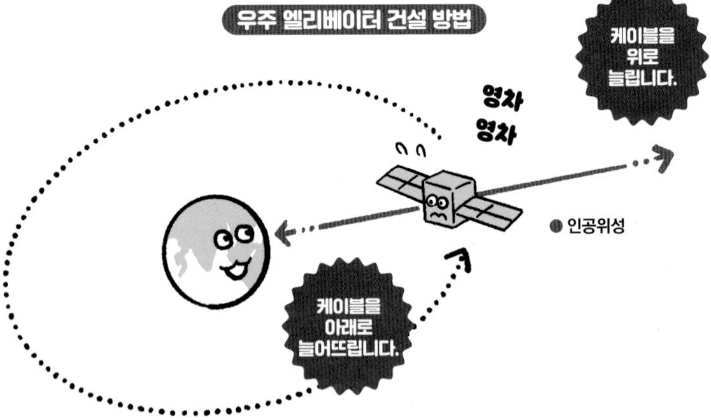

우주 엘리베이터 건설 방법
케이블을 위로 늘립니다.
영차 영차
인공위성
케이블을 아래로 늘어뜨립니다.

'지구에서 엘리베이터를 쌓아 올리는 것'이 아니라 고도 3만 6천 킬로미터의 정지 위성에서 케이블을 지구로 늘어뜨리는 독특한 방식으로 건설합니다. 인공위성을 사용하여 작업을 진행합니다. 인력과 원심력을 맞추기 위해 지구 반대편에도 케이블을 설치하여 균형을 잡고 약 10만 킬로미터(지구 2바퀴 정도) 길이의 엘리베이터를 만들 예정입니다.

굉장히 다양하게 기능하는 우주 엘리베이터!

우주 엘리베이터가 실현된다면 우주에 가는 것 자체가 쉬워질 것입니다. 다양한 중력 포인트가 존재하기 때문에 달이나 화성에서의 실험, 인공위성이나 탐사기 투입도 간편해집니다. 우주 엘리베이터의 승강장도 지구와 우주를 이어주는 지점이 되므로 그 부근의 경제·산업 파급 효과는 헤아릴 수 없을 정도일 것입니다.

지상에서 우주로 쭉쭉 뻗습니다

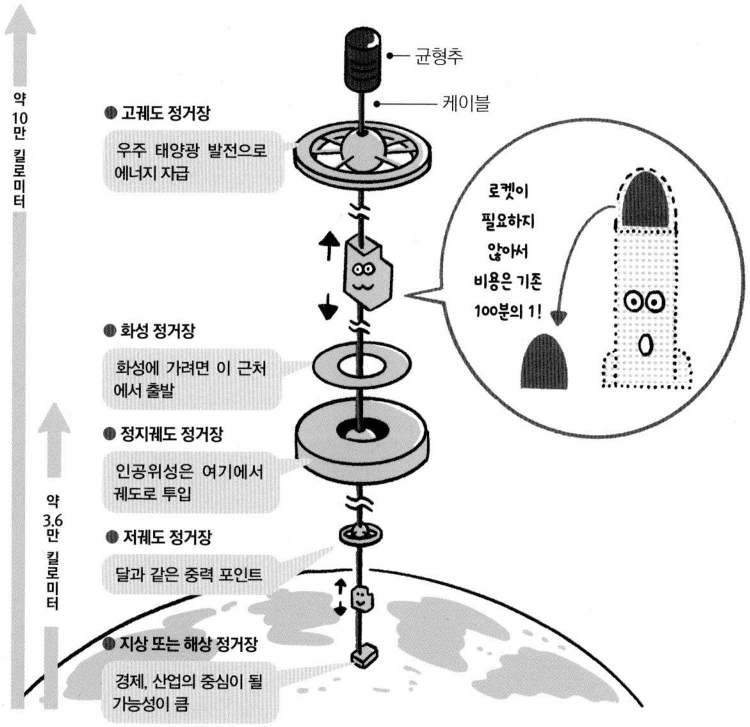

균형추
케이블
약 10만 킬로미터
● 고궤도 정거장
우주 태양광 발전으로 에너지 자급
로켓이 필요하지 않아서 비용은 기존 100분의 1!
● 화성 정거장
화성에 가려면 이 근처에서 출발
● 정지궤도 정거장
인공위성은 여기에서 궤도로 투입
약 3.6만 킬로미터
● 저궤도 정거장
달과 같은 중력 포인트
● 지상 또는 해상 정거장
경제, 산업의 중심이 될 가능성이 큼

원래는 단순한 상상 속 아이디어에 불과했지만, 탄소 나노튜브(Carbon Nanotube)의 발견으로 실현 가능성이 커졌습니다. 난이도는 매우 높지만 실현된다면 우주선 중심의 우주 산업 구조가 급격하게 바뀔 가능성이 있습니다.

칼럼

가르쳐 주세요! 우주의 일 5

다구치 히데유키 　　**우주선 연구**

도쿄대학 대학원 석사과정을 수료하였고 공학 박사입니다. 미쓰비시중공업에서 로켓 엔진 설계에 종사했습니다. NAL(항공우주기술연구소)을 거쳐 JAXA에서 태평양을 2시간 안에 횡단할 수 있는 '극초음속 여객기' 연구를 하고 있습니다. 이륙부터 마하 5까지 연속 작동하는 극초음속 엔진 운전 실험에 최초로 성공했습니다. 자신이 설계한 우주비행기를 타고 우주에 가는 것이 인생 목표입니다.

Q 어떤 일을 하세요?

A JAXA에서 우주선 연구를 하고 있습니다. 지금은 우주비행기 연구 개발에 주력하고 있습니다.

Q '우주비행기'는 무엇인가요?

A 한마디로 정리하면 비행기와 로켓의 기능을 모두 겸비한 이동 수단입니다. 비행 방법은 일반 비행기와 같고 공항에서 이륙하여 우주까지 갈 수 있습니다. 물론 일반 여객기처럼 미국이나 유럽 등 지구로도 이동이 가능합니다. 게다가 일본에서 미국까지는 1~2시간 정도로 고속입니다. 항공업계가 이미 거대 산업인 것을 고려하면 우주에 가는 것보다 지구에서의 이동 요구가 크리라 생각합니다.

Q 일에 대해 구체적으로 설명해 주세요.

A 주로 우주비행기의 실험과 분석입니다. 그중에서도 특히 엔진 개발에 최대 중점을 두고 있습니다. '마하 5(음속의 5배)'의 속도를 구현해야 합니다. 일반 여객기는 마하 1 미만이니까 마하 5가 얼마나 빠른지 짐작하실 수 있으실 겁니다. 로켓으로 우주에 갈 때 연료 부분이 너무 커서 '물건이나 사람'의 수용 부분이 작아집니다. 그러나 제가 개발하는 우주비행기라면 연료 부분이 작아서 일반 여객기처럼 많은 사람을 태울 수 있습니다.

Q 업무상 어떤 회사에 관련되고, 어떤 사람을 만나나요?

A 우리 연구자가 실시하는 설계, 조립, 실험은 정말로 다양합니다. 그리고 그에 필요한 부품 상당수는 일본 중소기업의 고도 기술에 의지하고 있습니다. 에어버스 등 해외 제조업자와의 공동 연구를 통해서 앞으로의 사업화도 검토하고 있습니다. 현업에서는 경합하는 회사와 기관이 제휴하여 새로운 산업을 개척하고 있습니다.

Q 이 일을 하며 힘들었던 점이나 묘미를 알려 주세요.

A 사실 지금의 연구를 시작한 계기는 아내와의 대화입니다. 전 직장에서는 우주로켓 개발을 했는데, 어느 날 아내가 "난 우주에 가고 싶지 않아. 그것보다 유럽

에 빨리 가고 싶어"라고 말했습니다. 그때부터 저는 우주와 해외 어느 쪽으로도 갈 수 있는 우주비행기를 생각했습니다. 30년도 더 된 일이에요. (하하하) 그러나 당시 우주비행기를 본격적으로 연구하는 사람은 드물었기 때문에 우선 우주비행기에 사용할 수 있는 극초음속 엔진 이론을 구축하고 논문을 집필했습니다. 그리고 그 이론을 구체화하기 위해 영국으로 유학을 갔습니다. 그때 롤스로이스의 제트 엔진 연구자가 "초음속 여객기 제트 엔진을 만들어 본 적도 없는 일본이 우주비행기 엔진을 만들 수 있을 리가 없어"라고 말했습니다. 저는 그 말을 듣고 오히려 불붙어서 귀국 후에 JAXA에서 극초음속 엔진 실험을 시작했습니다. 처음에는 실패의 연속이었지만 수년에 걸쳐 개량에 개량을 거듭한 끝에 구체화한 이론대로 엔진을 완성하여 세계에서 인정을 받았습니다. 현재는 일본 국내외 제조업자와의 사업화를 위해 다양한 제휴를 진행하고 있습니다. 얼핏 보면 불가능해 보이는 일도 '자신의 이론을 믿고 난관을 극복하여 실현한다'는 것이야말로 연구의 묘미겠네요. 고생의 연속이긴 해도요. (하하하)

Q 이 일의 전망과 독자분들에게 한 마디 부탁합니다.

A 현재 일본에서 미국이나 유럽으로 가려면 여객기로 10시간 이상 걸리지만 우주비행기라면 1~2시간 안에 갈 수 있습니다. 그렇게 되면 해외여행이나 출장 등의 형태가 크게 바뀌어 세계적으로 경제 발전에 공헌할 수 있다고 생각합니다. 퍼스트 클래스나 비즈니스 클래스 이용자에게는 꼭 우주비행기를 추천하고 싶습니다. 미국에서는 대통령 전용기 '에어포스원'으로 극초음속 여객기 개발을 검토 중이라고 합니다. 또한 우리가 개발하고 있는 극초음속 엔진은 수소를 연료로 합니다. 수소는 재생 가능 에너지의 잉여 전력과 물로 만들어 낼 수 있으며 엔진으로 연소하면 다시 물로 돌아갑니다. 수소를 연료로 하는 극초음속 엔진 기술은 엔진 외에 다양한 분야에도 응용 가능합니다. 즉 순환형 에너지 실현도 가능해지는 것입니다. 이렇게 꿈이 있는 미래는 혼자의 힘으로 이룰 수 없습니다. 업계, 업종의 벽을 넘어서 꼭 여러분과 함께 미래를 만들어 나가고 싶습니다!!

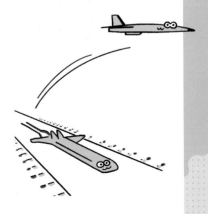

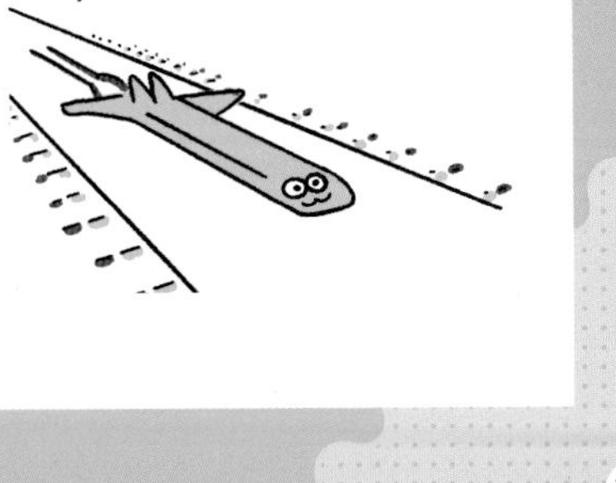

나오는 글

끝까지 읽어 주셔서 감사합니다. 그림을 중심으로 읽으신 분들도 우주 비즈니스의 윤곽이 어느 정도 보이셨으리라 생각합니다.

이 책은 '우주에 대한 낭만'이 없는 분들도 흥미를 느낄 수 있도록 '우주 산업은 도대체 무엇을 위해서 어떠한 경위로 성립하는가?'를 분명히 밝히면서도, 폭넓은 영역을 망라하여 굵직하게 설명했습니다.

2015년 가을 저는 아랍에미리트(UAE) 아부다비에서 열린 세계 최대 규모의 에너지 전시회장에 있었습니다. 그때는 일본 석유 권익 획보라고 하는 자원 에너지 외교에 종사하여 전시회에서 '자원 에너지를 위한 우주 기술'이라는 파빌리온의 책임자였습니다. 독자 여러분의 입장에서 보면 완전히 다른 차원의 세계일지도 모르지만, 저는 그 기회를 통해서 우연히 '우주 산업과 다른 산업을 연결하는' 역할을 했던 것입니다.

그 후 인연이 되어서 일반 사단법인 스페이스 포트 재팬(Space Port Japan) 창업에 종사하게 되었고 이번에는 스페이스 포트(우주항)라는 '우주와 지상의 결절점(結節點)을 만드는 역할'을 담당하게 되었습니다. 이렇게 저는 의도치 않게 '우주와 무관한 사람에게 우주를 소개'하는 일을 자주 하게 되었습니다.

이러한 경험을 통해서 저는 '앞으로 우주 산업은 다른 여러 산업과 연결되어 언젠가 경계선이 없어지는 것은 아닐까' 하고 생각했습니다. 그것은 마치 21세기 초반 인터넷이 여러 산업과 연결되어 모든 것을 집어삼킨 모습과 겹치는 듯했습니다.

우주 공간은 고도 100킬로미터 이상인 곳을 가리키지만, 그것은 도시 하나를 건너가는 정도의 거리감에 지나지 않습니다. 앞으로 우주 공간에 접근이 쉬워지면, 고도 100킬로미터 경계선을 의식하는 일조차 사라지며 '우주 비즈니스'라는 단어도 없어질지 모릅니다. 이미 '인터넷 비즈니스'라는 말이 쓰이지 않게 된 것처럼요.

바야흐로 '글로벌 시대'에서 '유니버설 시대'로 이행하고 있는 것입니다. 여러분 한 사람 한 사람이 회사나 일상생활 속에서 아무렇지도 않게 우주와 왕래하고 자연스럽게 우주와 거래하는 시대가 올 것입니다.

이 책을 집필하면서 일반 사단법인 스페이스 포트 재팬 및 관계자 여러분에게 커다란 협력을 받은 것에 대하여 이 자리를 빌려 감사의 말씀을 드립니다. 이렇게 멋진 기회를 주시고 마지

막까지 함께 해 주신 스바루사 편집부의 하라다 치즈코 님, 일러스트레이터 한다 한치키 님, 디자이너 이와나가 카호 님, 야기 마유코 님, 그리고 협력해 주신 모든 스태프에게 진심으로 감사의 말씀을 드립니다.

이 책을 읽고 있는 여러분이 이를 계기로 조금이라도 우주 비즈니스에 흥미를 느껴서 어떠한 일이라도 함께 할 수 있으면 좋겠다고 기대하고 있습니다. 여러분 꼭 우주에서 만나요!

라고 마무리하고 싶지만 사실 저는 고소 공포증으로 우주에 갈 용기가 아직 없습니다. 언젠가 우주로 향하는 여러분의 뒤에서 조심조심 따라가고 싶습니다. (하하하)

2021년 10월 10일
홋카이도 도카치의 하늘을 올려다보며

저자 가타야마 도시히로

색인

참고 문헌

- 오노 마사히로, 『우주 이야기를 하자』(국내 미출간), 2020
- 와타나베 가쓰미, JAXA 협력, 『완전도해·우주수첩 세계의 우주 개발 활동 「전기록」』(국내 미출간), 2012
- NEC 인공위성 프로젝트 팀, 『인공위성에 대한 물음에 과학적으로 접근합니다. 누구나 궁금해하는 간단하고 소박한 의문에 정확히 대답!』(국내 미출간), 2012
- 고이즈미 히로유키, 『인류가 더 먼 우주로 가기 위한 로켓 입문』(국내 미출간), 2021
- 『지금부터 시작하는 우주 프로젝트 2019-2033』(국내 미출간), 2019
- 『우주 프로젝트 개발사 대전』(국내 미출간), 2020
- 사토 야스시, 『NASA-우주 개발 60년』(국내 미출간), 2014
- 이시다 마사야스, 『우주 비즈니스 입문 New Space 혁명의 전모』(국내 미출간), 2017
- 오누키 미스즈, 『우주 비즈니스의 충격 21세기 황금을 둘러싼 새로운 시대의 골드 러쉬』(국내 미출간), 2018
- 사이다 도모야, 『우주 비즈니스 제3의 물결 New Space를 읽다』(국내 미출간), 2018
- 제일 도쿄 변호사회, 『이것만은 알아두자! 변호사의 우주 비즈니스 가이드』(국내 미출간). 2018
- 마토가와 야스노리 감수, 『도해 비즈니스 정보원 입문부터 업계 동향까지 한눈에 알 수 있는 우주 비즈니스』(국내 미출간), 2011
- 스즈키 가즈토, 『우주개발과 국제정치』(한울아카데미), 2013
- 오누키 쓰요시, 『제로부터 시작하는 우주 방위 우주 개발과 군대의 심오한 관계』(국내 미출간), 2019
- 데이비드 미어먼 스콧, 리처드 유렉, 『Marketing the Moon: The Selling of the Apollo Lunar Program』 (국내 미출간), 2014
- 야마자키 나오코, 『꿈을 잇는 야마자키 나오코의 4088일』(국내 미출간), 2010
- 야마자키 나오코, 『우주비행사가 본 우주에 갔더니 이랬어!』(국내 미출간), 2020
- 노구치 소이치, 야노 아키코, 하야시 기미요, 『우주에 가는 것은 지구를 아는 것 우주 신시대를 산다』(국내 미출간), 2020
- 다치바나 다카시, 『우주로부터의 귀환』(청어람미디어), 2002
- 호리에 다카후미, 『호리에몽의 우주론』(국내 미출간), 2011
- 호리에 다카후미, 『제로부터 시작하는 힘 공상을 현실화하는 우리들의 방법』(국내 미출간), 2020

지금 시작하는 우주 비즈니스

초판 1쇄 인쇄 | 2022년 7월 29일
초판 1쇄 발행 | 2022년 8월 5일

지은이 | 가타야마 도시히로
옮긴이 | 이혜정
발행인 | 고석현

편집 | 정연주
디자인 | 김애리
마케팅 | 정완교, 소재범, 고보미
관리 | 문지희

발행처 | (주)한올엠앤씨
등록 | 2011년 5월 14일

주소 | 경기도 파주시 심학산로 12, 4층
전화 | 031-839-6804(마케팅), 031-839-6817(편집)
팩스 | 031-839-6828
이메일 | booksonwed@gmail.com

- 비즈니스맵, 책읽는수요일, 라이프맵, 생각연구소, 지식갤러리, 스타일북스는 ㈜한올엠앤씨의 브랜드입니다.